Pão Diário

alegria e GRATIDÃO

90 DEVOCIONAIS TEMÁTICOS

Publicações
Pão Diário

alegria e gratidão

> *"Que posso oferecer ao Senhor por tudo que ele me tem feito? Celebrarei meu livramento e louvarei o nome do Senhor."*
> SALMO 116:12,13

ESCRITORES:
Adam R. Holz, Alyson Kieda, Amy Boucher Pye, Anne M. Cetas, Arthur L. Jackson,
Dave Branon, David C. McCasland, David H. Roper, Elisa Morgan, Estera Pirosca Escobar,
James Banks, John Blasé, Joseph M. Stowell, Julie Schwab, Keila Ochoa Harris,
Kirsten H. Holmberg, Lawrence Darmani, Leslie Koh, Linda Washington, Lisa M. Samra,
Mart DeHaan, Monica Brands, Peter Chin, Poh Fang Chia, Timothy L. Gustafson,
William E. Crowder, Xochitl E. Dixon

Tradução: Renata Balarini, Rita Rosário, Sandra Pina, Thaís Soler
Revisão: Dalila Mendes, Dayse Fontoura, Rita Rosário, Lozane Winter
Adaptação e edição: Rita Rosário
Coordenação gráfica: Audrey Novac Ribeiro
Capa: Rebeka Werner
Diagramação: Renata Lincy

Exceto se indicado o contrário, as citações bíblicas são extraídas da Bíblia Sagrada, Nova Versão Transformadora © 2016, Editora Mundo Cristão.

Proibida a reprodução total ou parcial, sem prévia autorização, por escrito, da editora. Todos os direitos reservados e protegidos pela Lei 9.610, de 19/02/1998.

Pedidos de permissão para usar para usar citações deste devocional devem ser direcionados a permissão@paodiario.org

PUBLICAÇÕES PÃO DIÁRIO
Caixa Postal 4190, 82501-970 Curitiba/PR, Brasil
E-mail: publicacoes@paodiario.org • Internet: www.paodiario.org

GQ535 • 978-1-64641-085-9
1ª edição: 2020 • 2ª impressão: 2023

© 2020 Ministérios Pão Diário. Todos os direitos reservados.
Impresso na China

INTRODUÇÃO

ALEGRIA E GRATIDÃO

Diz o dicionário que a alegria é um estado de viva satisfação, de vivo contentamento, regozijo, júbilo e prazer. Diz também que a gratidão é o sentimento que expressa o reconhecimento de uma pessoa por alguém que lhe prestou um benefício, um auxílio ou um favor. Falamos muito sobre sermos alegres e gratos, mas será que realmente o somos? Como devemos buscar esses sentimentos?

Na expectativa de trazer a você uma melhor compreensão dessas duas atitudes, selecionamos 90 mensagens do reconhecido devocional *Pão Diário* com os temas alegria e gratidão e as condensamos num único volume. Com isso, desejamos encorajá-lo a usar e abusar desses dois sentimentos no seu dia a dia.

Você deseja ser grato por tudo o que Deus lhe concedeu? Você quer ser alegre?

Para começar entenda que a gratidão é basicamente o ato de saber agradecer, de reconhecer o valor de algo ou alguém em sua vida e o quanto importante isso foi ou é para você. Ser grato é muito mais do que saber dizer "obrigado". É olhar para o céu e sentir-se realmente feliz por ter a oportunidade de contemplar a beleza de cada dia. É aprender com os seus próprios erros e reconhecer a importância de cada fase da vida. É reconhecer que cada passo, cada erro, cada tropeço e tombo faz parte de um aprendizado maior.

A alegria é decorrente da gratidão. Ao olharmos para a vida com mais gratidão, tudo se torna mais bonito, mais florido e mais alegre. Mesmo em meio aos nossos problemas nos alegramos por saber que não estamos sós e que Deus está ao nosso lado em cada situação.

Deus deseja que sejamos agradecidos por tudo o que Ele nos dá. Qualquer pai fica feliz quando o seu filho lhe agradece por alguma coisa. Deus também é assim, Ele se alegra quando reconhecemos o Seu mover na nossa vida, mesmo que as coisas não ocorram como queremos sempre temos motivos para agradecer e nos alegrar no Senhor.

Veja estes versículos e motive-se a ser grato e alegre:

Dê graças ao Senhor e proclame o Seu nome. Alegre-se
(1 CRÔNICAS 16:8,10).

Seja grato pelas Suas maravilhas. Sejam generosos
(SALMO 75:1; 2 CORÍNTIOS 9:11).

Dê graças em todas as circunstâncias
(1 TESSALONICENSES 5:18, EFÉSIOS 5:4,20, TIAGO 1:2,3).

Ofereça a Deus o seu sacrifício de gratidão (SALMOS 50:14; 69:30).

Transborde de gratidão e aprofunde nele suas raízes
(COLOSSENSES 2:7)

Seja sempre alegre e grato (FILIPENSES 4:4,6, SALMOS 30:11,12; 100:4).

Não fique triste, pois a alegria do Senhor é a sua força
(NEEMIAS 8:10).

Oramos para "Que Deus, a fonte de esperança, os encha inteiramente de alegria e paz, em vista da fé que vocês depositam nele, de modo que vocês transbordem de esperança, pelo poder do Espírito Santo" Amém, Romanos 15:13.

DOS EDITORES DO PÃO DIÁRIO

DIA **1**

O QUE OS ESPECIALISTAS DIZEM?

Leitura: João 5:31-40

...as Escrituras apontam para mim! E, no entanto, vocês se recusam a vir a mim para receber essa vida. vv.39,40

Um **renomado** colunista escreveu sobre a extraordinária habilidade dos especialistas em fazer as coisas desesperadamente erradas. Um rápido olhar sobre a história recente mostra que ele tem razão. O inventor Thomas Edison, por exemplo, declarou certa vez que o cinema falado nunca substituiria o cinema mudo. E, em 1928, Henry Ford declarou: "As pessoas estão se tornando inteligentes demais para terem uma nova guerra". Muitas outras previsões de "especialistas" falharam. Os gênios obviamente têm seus limites.

Apenas uma Pessoa é totalmente confiável, e Ele tinha palavras fortes para alguns dos chamados peritos. Os líderes religiosos dos dias de Jesus alegaram ter a verdade. Esses estudiosos e teólogos pensavam que sabiam como seria o Messias prometido quando Ele chegasse.

Jesus os advertiu: "Vocês estudam minuciosamente as Escrituras porque creem que elas lhes dão vida eterna...". E lhes mostrou como eles estavam perdendo o âmago da questão: "Mas as Escrituras apontam para mim! E, [...] vocês se recusam a vir a mim para receber essa vida" (vv.39,40).

Quando começamos algo novo, muitas vezes ouviremos previsões que irão do aterrorizante ao extremo otimismo. Muitas delas serão declaradas com muita confiança e autoridade. Não se assuste. Nossa confiança permanece naquele que encontramos nas Escrituras. Ele governa sobre nós e sobre o nosso futuro. TLG

Pai, entregamos os nossos dias e a nossa vida em Tuas mãos.

Conhecer o futuro é incerto; mas conhecer Quem o controla é ter a certeza de eternidade.

DIA 2

O PRESENTE DOS SÁBIOS

Leitura: Mateus 2:1-12

...Vimos sua estrela no Oriente e viemos adorá-lo. v.2

Um jovem casal tinha mais amor do que dinheiro. Certa ocasião, eles se esforçaram para encontrar um presente que mostraria o quanto eles se amavam. Finalmente, na véspera do Natal, Della vendeu seu longo cabelo para comprar uma corrente de platina para o relógio que Jim herdara de seu pai e seu avô. Jim, no entanto, vendeu o relógio para comprar pentes caros para o cabelo de sua esposa.

O autor O. Henry chamou a história desse casal *O presente dos Magos* (Cosac Naify, 2003). Henry sugere que, mesmo que os presentes tenham se tornado inúteis e possam tê-los feito parecer tolos, naquela manhã festiva, o amor deles os colocou entre os mais sábios entre os que presenteiam.

Os sábios da primeira história de Natal também poderiam ter parecido insensatos para alguns quando chegaram a Belém com presentes de ouro, incenso e mirra (MATEUS 2:11). Eles não eram judeus, mas estrangeiros, gentios, que não perceberam o quanto perturbariam a paz de Jerusalém perguntando sobre um rei dos judeus, recém-nascido (v.2).

Como aconteceu com o casal Jim e Della, os planos dos sábios não acabaram da maneira que esperavam. Mas eles deram aquilo que o dinheiro não pode comprar. Trouxeram presentes, mas depois curvaram-se para adorar o Salvador Jesus que faria o maior de todos os sacrifícios de amor por eles — e por nós.   MRD

Pai, ajuda-nos a aprender o que significa presentear com o que o dinheiro não pode comprar.

A graça de Deus é uma dádiva que não tem preço.

DIA 3

O NOME

Leitura: Filipenses 2:5-11

...para que, ao nome de Jesus, todo joelho se dobre, nos céus, na terra e debaixo da terra. v.10

Cleópatra, Galileu, Shakespeare, Elvis, Pelé. Todos eles são tão conhecidos que só precisam de um nome para serem reconhecidos. Eles permaneceram proeminentes na história por causa de quem eram e o que fizeram. Mas há um outro nome que está acima desses ou de qualquer outro nome!

Antes de o Filho de Deus nascer entre nós, o anjo disse a Maria e José que o chamassem Jesus, pois Ele salvaria "...o seu povo dos seus pecados" (MATEUS 1:21) e seria "chamado Filho do Altíssimo" (LUCAS 1:32). *Jesus* não veio como uma celebridade, mas como um servo que se humilhou e morreu na cruz para que quem o recebe possa ser perdoado e liberto do poder do pecado. "Por isso Deus o elevou ao lugar de mais alta honra e lhe deu o nome que está acima de todos os nomes, para que, ao nome de *Jesus*, todo joelho se dobre, nos céus, na terra e debaixo da terra, e toda língua declare que Jesus Cristo é Senhor, para a glória de Deus, o Pai" (FILIPENSES 2:9-11).

Em nossos tempos de maior alegria e de nossa mais profunda necessidade, o nome ao qual nos apegamos é Jesus. Ele nunca nos deixará e o Seu amor não falhará. DCM

Jesus, tu és o nome acima de todos os nomes, nosso Salvador e Senhor. Elevamos nosso louvor a ti ao celebrarmos a Tua presença e poder em nossa vida hoje.

Jesus Cristo não será valorizado o suficiente até que Ele seja valorizado acima de tudo. AGOSTINHO

DIA 4

UM HOMEM COMUM

Leitura: 1 Samuel 16:1-7

As pessoas julgam pela aparência exterior, mas o Senhor olha para o coração. v.7

William Carey era um menino doente de uma família humilde da Inglaterra. Seu futuro não parecia promissor. Mas Deus tinha planos para ele. Contra todas as expectativas, ele se mudou para a Índia, onde realizou reformas sociais incríveis e traduziu a Bíblia para diversos dialetos. Ele amava a Deus e as pessoas e Carey realizou muitos feitos para o Senhor.

Davi, filho de Jessé, era um jovem comum, o mais novo da família. Aparentemente, ele era um insignificante pastor de ovelhas (vv.11,12). Porém, Deus viu o coração desse pastor e idealizou um plano para ele. O Senhor tinha rejeitado o rei Saul por sua desobediência. Enquanto o profeta Samuel lamentava as escolhas de Saul, Deus o chamou para ungir um rei diferente, um dos filhos de Jessé.

Quando Samuel viu o belo e alto Eliabe, pensou: "Com certeza este é o homem que o Senhor ungirá" (v.6). No entanto, a estratégia de Deus era muito diferente daquela do profeta. Na verdade, Deus disse "não" a cada um dos filhos de Jessé, exceto para o mais novo. Definitivamente, à primeira vista, o fato de Deus escolher Davi como rei não parecia um movimento estratégico da parte do Senhor. O que um jovem pastor teria a oferecer à comunidade?

É reconfortante saber que o Senhor conhece o nosso coração e tem planos para nós. *EPE*

Senhor, agradeço-te por te importares mais com a atitude do meu coração em relação a ti do que com beleza, bens ou realizações.

A prioridade de Deus é o seu coração.

DIA **5**

O APAGADOR DE DÍVIDAS

Leitura: Salmo 103:1-12

De nós ele afastou nossos pecados, tanto como o Oriente está longe do Ocidente. v.12

Segurei as lágrimas ao revisar minhas despesas médicas. Com o severo corte no salário do meu marido após o desemprego prolongado, pagar metade do saldo exigiria anos de parcelas mensais. Orei antes de ligar para o consultório do médico para explicar-lhe nossa situação e solicitar um plano de pagamento. Porém, o recepcionista me informou que o médico tinha perdoado a nossa dívida.

Soluçando, agradeci. A generosidade dele me encheu de gratidão. Desliguei o telefone e louvei a Deus. Pensei em guardar a conta do médico como uma lembrança do que Deus tinha feito.

A decisão do médico em perdoar minha dívida me trouxe à mente a escolha de Deus em perdoar a dívida insuperável dos meus pecados. As Escrituras nos asseguram que Deus é "compassivo e misericordioso" e "lento para se irar e cheio de amor" (v.8). Ele "nem nos trata como merecemos" (v.10). Ele os remove, "tanto como o Oriente está longe do Ocidente" (v.12), quando nos arrependemos e aceitamos Cristo como nosso Salvador. Seu sacrifício apaga completamente a nossa dívida passada.

Uma vez perdoados, não somos definidos nem limitados por nossa dívida antiga. Em resposta à graciosa dádiva do Senhor, podemos reconhecer tudo o que Ele fez. Oferecendo a nossa dedicada adoração e grato afeto, podemos viver para Ele e compartilhá-lo com os outros. *XED*

Pai, obrigado por apagares completamente a nossa dívida, quando colocamos nossa confiança em ti.

A dívida impagável que contraímos pelo pecado é apagada pelo nosso Deus misericordioso.

DIA 6

PEDRAS MEMORIAIS

Leitura: Josué 3:14-4:7

Lembrem-se das maravilhas que ele fez, dos milagres que realizou e dos juízos que pronunciou. Salmo 105:5

Algumas manhãs, quando entro no *Facebook*, ele me mostra "memórias" — coisas que postei naquele dia em anos anteriores. Essas memórias, como fotos de casamento do meu irmão ou um vídeo de minha filha brincando com a minha avó, geralmente me fazem sorrir. Mas, às vezes, elas têm um efeito emocional mais profundo. Quando vejo uma nota sobre uma visita ao meu cunhado durante sua quimioterapia ou uma foto da minha mãe, com grampos no couro cabeludo, após sua cirurgia no cérebro há três anos, lembro-me da presença fiel de Deus em circunstâncias difíceis. Essas memórias me compelem a orar e a agradecer.

Todos somos propensos a esquecer as coisas que Deus tem feito por nós. Precisamos de lembretes. Quando Josué conduziu o povo de Deus para o seu novo lar, eles tiveram que atravessar o rio Jordão (JOSUÉ 3:15,16). Deus separou as águas, e Seu povo andou em terra seca (v.17). Para criar um memorial deste milagre, eles tomaram doze pedras do meio do leito do rio e as empilharam do outro lado (4:3,6,7). Quando os outros lhes perguntassem sobre o significado das pedras, o povo de Deus contaria a história do que Ele havia feito naquele dia.

Os lembretes palpáveis da fidelidade de Deus no passado podem nos recordar de confiar nele no presente — e no futuro.

ALP

Deus, obrigado por Tua fidelidade a mim durante muitos anos! Ajuda-me a confiar em ti no presente e no futuro.

Lembrar-se das provisões divinas recebidas no passado trazem esperança e fortalecimento para o hoje.

DIA **7**

QUE TIPO DE SALVADOR ELE É?

Leitura: João 6:47-51,60-66

Nesse momento, muitos de seus discípulos se afastaram dele e o abandonaram. v.66

No passado, minhas amigas e eu oramos pela cura de três mulheres que lutavam contra o câncer. Sabíamos que Deus tinha o poder de curá-las e pedíamos que Ele agisse todos os dias. Havíamos visto a ação de Deus no passado e críamos que Ele poderia agir de novo. Às vezes a cura parecia uma realidade, e nós nos alegrávamos. Mas todas morreram naquele mesmo ano. Alguns disseram que aquela foi "a cura definitiva" e, de certa forma, era. Mesmo assim, a perda nos feriu profundamente. Queríamos que o Senhor as tivesse curado aqui e agora, mas por razões que não podemos compreender nenhum milagre aconteceu.

Algumas pessoas seguiam Jesus por Seus milagres e para que Ele suprisse suas necessidades (vv.2,26). Algumas simplesmente o viam como o filho do carpinteiro (MATEUS 13:55-58), e outras esperavam que Ele fosse seu líder político (19:37,38). Outras pensavam que Ele era um grande mestre (MATEUS 7:28,29) enquanto outras deixaram de segui-lo porque o Seu ensino era difícil de entender (v.66).

Jesus nem sempre atende às nossas expectativas com relação a Ele. No entanto, Ele é muito mais do que podemos imaginar. Ele é o provedor da vida eterna (vv.47,48). Ele é bom, sábio, ama, perdoa, permanece perto e nos consola. Que possamos descansar em Jesus por quem Ele é e continuar seguindo os Seus passos. AMC

Jesus, agradeço-te por seres o Salvador que precisamos.
Envolve-nos com o Teu amor e leva-nos a descansar em ti.

Eu, porém, confio em ti, Senhor;
e digo "Tu és meu Deus!". SALMO 31:14

DIA 8

O QUE HÁ EM SEU INTERIOR?

Leitura: 2 Coríntios 4:7-18

Temos, porém, este tesouro em vasos de barro, para que a excelência do poder seja de Deus e não de nós. v.7

Minha amiga perguntou-me: "Você quer ver o que tem dentro?". Eu a tinha elogiado pela boneca de pano à moda antiga que sua filha segurava em seus pequenos braços. Curiosa, instantaneamente, respondi que sim, pois queria muito ver o que continha dentro. Ela virou o rosto da boneca para baixo e abriu um discreto zíper costurado nas costas. De dentro do corpo de tecido, Emília suavemente removeu um tesouro: a boneca de pano que ela tinha segurado e amado ao longo dos anos de sua própria infância mais de duas décadas antes. A boneca "exterior" era meramente uma "casca" sem este "forro" interior para lhe dar força e forma.

Paulo descreve a verdade da vida, morte e ressurreição de Jesus como um tesouro, que se tornou evidente na frágil humanidade do povo de Deus. Esse tesouro capacita aqueles que confiam no Senhor a suportar adversidades impensáveis e a continuar servindo-o. Quando o fazem, Sua luz — Sua vida — brilha intensamente através das "rachaduras" de sua humanidade. Paulo nos encoraja a não desanimarmos (v.16) porque Deus nos fortalece para fazer a Sua obra.

Como a boneca "interior", o tesouro do evangelho em nosso interior concede propósito e força à nossa vida. Quando a força de Deus brilha através de nós, ela convida os outros a perguntar: "O que há em seu interior?". Podemos então abrir o nosso coração e revelar a promessa de salvação em Cristo. *KHH*

Obrigado Senhor por Tua salvação.

O evangelho da verdade brilha através do quebrantamento do povo de Deus.

DIA 9

PROMESSAS, PROMESSAS

Leitura: 2 Pedro 1:1-9

...ele nos deu grandes e preciosas promessas. São elas que permitem a vocês participar da natureza divina... v.4

Minha filha mais nova e eu temos um jogo que chamamos de "beliscões". Quando ela sobe as escadas, eu a persigo e tento dar-lhe um pequeno beliscão. Mas só posso beliscá-la suavemente, é claro! Quando ela está no topo, está segura. Às vezes, porém, ela não está com vontade de brincar. E, se eu a acompanhar escada acima, ela diz: "Sem beliscões"! E eu respondo: *"prometo"*.

Essa promessa pode parecer pouco. Mas, quando *cumpro* o que digo, minha filha começa a entender algo sobre o meu caráter. Ela experimenta a minha consistência. Ela sabe que a minha palavra é boa, que pode confiar em mim. É algo pequeno manter tal promessa. Mas promessas — ou mantê-las, devo dizer — dão liga aos relacionamentos e estabelecem um fundamento de amor e confiança.

Penso que foi isso que Pedro quis dizer quando escreveu que as promessas de Deus nos permitem participar "da natureza divina" (v.4). Quando confiamos na Palavra de Deus e no que Ele diz sobre si mesmo e sobre nós, descobrimos o Seu favor para conosco. Isso lhe dá a oportunidade de revelar a Sua fidelidade enquanto descansamos no que Ele diz ser a verdade. Sou grato porque as Escrituras estão repletas com as Suas promessas, esses lembretes concretos de que "Suas misericórdias são inesgotáveis. Grande é sua fidelidade; suas misericórdias se renovam cada manhã" (vv.22,23).   *ARH*

Senhor, ajuda-nos a reconhecer e a descansar na Tua verdade.

A Palavra de Deus revela o Seu favor em relação a nós.

DIA **10**

ESTÁ NA ATITUDE

Leitura: Tiago 1:1-12

Meus irmãos, considerem motivo de grande alegria sempre que passarem por qualquer tipo de provação. v.2

Regina voltou para casa, desencorajada e cansada. O dia começara com notícias trágicas numa mensagem de texto, em seguida, piorou ainda mais em reuniões com colegas de trabalho que se recusaram a partilhar das suas ideias. Quando Regina estava orando ao Senhor, resolveu colocar o estresse de lado e visitar uma amiga idosa numa Casa de Repouso. Seu espírito se acalmou quando Maria compartilhou quão bom o Senhor era para ela, dizendo: "Aqui tenho minha própria cama, uma cadeira, três refeições por dia e a ajuda das enfermeiras. E, ocasionalmente, Deus envia um cardeal para a minha janela só porque o Senhor sabe que eu os amo e que Ele me ama".

Atitude. Perspectiva. Como diz o dito: "a vida é 10% o que nos acontece e 90% como reagimos a isso". Tiago escreveu a um povo que fora espalhado por causa da perseguição, e pediu-lhes para considerarem a sua perspectiva sobre as dificuldades. Ele os desafiou com as palavras: "...considerem motivo de grande alegria sempre que passarem por qualquer tipo de provação" (v.2).

Cada um de nós está trilhando a sua própria jornada para aprender a confiar em Deus em meio às circunstâncias difíceis. A perspectiva plena de alegria de que Tiago nos falou virá quando aprendermos a ver que Deus pode usar as lutas para amadurecer a nossa fé.

AMC

*Senhor, por favor, muda a minha atitude sobre os tempos difíceis.
Traz alegria, perseverança e maturidade em mim.*

Deus pode transformar a nossa mágoa em motivo para amadurecimento e aprendizagem.

DIA **11**

TENTANDO IMPRESSIONAR

Leitura: Mateus 15:1-11,16-20

**Porque do coração vêm maus pensamentos [...].
São essas coisas que o contaminam.** vv.19,20

Quando uma turma da faculdade fez uma viagem cultural, o instrutor quase não reconheceu uma das alunas. Na classe, ela tinha escondido os 15cm de salto alto com a barra da calça. Mas, com as botas, estava medindo menos de 1,55m. "Meus saltos mostram como eu quero ser", ela riu. "Mas minhas botas mostram quem realmente sou".

Nossa aparência não define quem somos; o que importa é o nosso coração. Jesus disse palavras fortes para os mestres da aparência: os "fariseus e mestres da lei". Eles perguntaram a Jesus por que os discípulos não lavavam as mãos antes de comer conforme ditava a tradição (vv.1,2). Jesus lhes perguntou: "E por que vocês, com suas tradições, desobedecem ao mandamento de Deus?" (v.3). E destacou como eles tinham criado uma brecha legal para manter as riquezas em vez de cuidar dos pais (vv.4-6), desonrando-os e infringindo o quinto mandamento (ÊXODO 20:12).

Se nos tornarmos obcecados pela aparência, buscando brechas nos mandamentos de Deus, estaremos violando o espírito de Sua lei. Jesus disse que "do coração vêm maus pensamentos —homicídio, adultério, imoralidade sexual" e coisas assim (v.19). Apenas Deus, pela justiça do Seu Filho, pode nos dar um coração puro.

TLG

*Senhor, tendemos a confiar em nossos próprios esforços
para impressionar a ti e aos outros.
Ajuda-nos a sermos autênticos em todos os relacionamentos
e a ter o coração restaurado pelo Teu perdão.*

**Quando a nossa motivação é impressionar os outros,
não agradamos a Deus.**

DIA **12**

ALEGRIA

Leitura: Salmo 92

Tu me alegras, SENHOR, com tudo que tens feito; canto de alegria por causa de tuas obras. v.4

Estou me aproximando rapidamente de uma nova temporada: o inverno da velhice. Mas ainda não cheguei lá. Mesmo que os anos estejam voando às vezes, eu gostaria de retardá-los, tenho alegrias que me sustentam. Cada dia é um novo dia que me foi dado pelo Senhor. Com o salmista, posso dizer: "É bom dar graças ao SENHOR [...]. É bom proclamar de manhã o teu amor e, de noite, a tua fidelidade" (vv.1,2)!

Mesmo que a minha vida tenha suas lutas e a dor e as dificuldades dos outros, às vezes, me dominem, Deus me permite unir-me ao salmista em exultar de alegria com o que as Suas mãos fizeram (v.4). Alegria por bênçãos concedidas: família, amigos e trabalho recompensador. Alegria por causa da maravilhosa criação de Deus e por Sua Palavra inspirada. Alegria porque Jesus nos amou tanto que até morreu por nossos pecados. E alegria porque Ele nos deu o Espírito, a *fonte* da verdadeira alegria (ROMANOS 15:13). Por causa do Senhor, os justos florescerão: "como a palmeira [...]. Na velhice ainda produzirão frutos" (SALMO 92:12-14).

Que fruto é esse? Não importa quais sejam as nossas circunstâncias ou época de vida, podemos ser exemplos do Seu amor com a nossa maneira de viver e com as palavras que proferimos. Há alegria em conhecer e viver para o Senhor e falar aos outros sobre Ele. ADK

Querido Senhor, obrigado pela alegria que é nossa através do Teu Espírito.

Deus é o doador da alegria.

DIA **13**

CAPAZ E DISPONÍVEL

Leitura: Salmo 46

Deus é nosso refúgio e nossa força, sempre pronto a nos socorrer em tempos de aflição. v.1

Meu marido estava no trabalho quando recebi a informação sobre o diagnóstico de câncer da minha mãe. Deixei-lhe uma mensagem e procurei amigos e familiares. Ninguém estava disponível. Cobrindo meu rosto com mãos trêmulas, solucei. "Ajuda-me, Senhor". A garantia de que Deus estava comigo me confortou nesses momentos em que me senti completamente só.

Agradeci ao Senhor quando meu marido voltou para casa e recebi o apoio dos amigos e familiares. Mesmo assim, a percepção da reconfortante presença de Deus que senti naquelas primeiras horas de aflição solitária confirmaram que Deus está pronto e fielmente disponível onde e quando eu precisar de ajuda.

No Salmo 46, o salmista proclama que Deus é o nosso refúgio, nossa força e socorro bem presente (v.1). Quando sentimos como se estivéssemos cercados pelo caos ou tudo o que pensávamos que era estável se despedaça ao nosso redor, não precisamos temer (vv.2,3). Deus não vacila (vv.4-7). Seu poder é evidente e eficaz (vv.8,9). Nosso Sustentador eterno nos dá confiança em Seu caráter imutável (v.10). O Senhor é o nosso refúgio e nossa força e permanece conosco para sempre (v.11).

Deus criou os Seus seguidores para apoiar e encorajar uns aos outros em oração. Mas o Senhor também afirma que Ele é capaz e está sempre disponível. Quando clamamos a Deus, podemos confiar que Ele cumprirá as Suas promessas para nos prover. Deus nos consolará por meio do Seu povo, bem como através da Sua presença.

XED

*Senhor, obrigado por nos assegurares
de que estás sempre acessível e presente.*

Deus é capaz e está sempre disponível para nos ajudar.

DIA **14**

OUVIDOS PARA OUVIR

Leitura: Jeremias 5:18-23

Ouça, povo tolo e insensato, que tem olhos, mas não vê, que tem ouvidos, mas não ouve. v.21

Ofereceram à atriz Diane Kruger um papel que a tornaria um nome conhecido. Mas ela deveria interpretar uma jovem esposa e mãe que enfrentava a perda do marido e do filho. Ela nunca havia sofrido uma perda tão grande na vida real e não sabia se conseguiria ser fiel às emoções da personagem. Diane aceitou o papel e começou a frequentar reuniões de apoio para pessoas que vivenciavam a dor extrema do luto.

No início, ela dava sugestões e ideias ao ouvir as histórias das pessoas do grupo. Como a maioria de nós, ela queria ajudar. Mas aos poucos ela parou de falar e simplesmente passou a ouvir. Somente assim começou a aprender a se colocar verdadeiramente no lugar delas. A atriz adquiriu essa percepção utilizando-se dos seus ouvidos.

A acusação de Jeremias contra o povo foi a de que eles se recusavam a usar os "ouvidos" para ouvir a voz do Senhor. O profeta não mediu as palavras ao chamar o povo de Israel de "tolo e insensato" (v.21). Deus está constantemente agindo na nossa vida e comunicando palavras de amor, instrução, encorajamento e cautela. O desejo do Pai é que você e eu aprendamos e amadureçamos. E nós já recebemos os ouvidos como ferramentas para isso. A pergunta é: será que os usaremos para ouvir o coração do Pai?

JB

Pai, creio que estás sempre falando a nós.
Perdoa a minha teimosia de pensar
que tenho todas as respostas. Abre os meus ouvidos
para que eu possa ouvir.

Se ouvirmos com atenção a voz do Senhor,
amadureceremos na fé.

DIA **15**

TUDO O QUE POSSO VER

Leitura: João 3:22-35

Ele deve se tornar cada vez maior, e eu, cada vez menor. v.30

Era um dia de inverno congelante, e Krista estava olhando para o lindo farol envolto pela neve junto ao lago. Ao pegar o celular para tirar fotos, seus óculos ficaram embaçados. Sem conseguir enxergar, ela decidiu apontar a câmera para a direção do farol e tirar três fotos de ângulos diferentes. Vendo as imagens depois, percebeu que a câmera estava regulada para tirar *selfies*. Ela deu risada e falou: "Meu foco estava só em mim. Tudo o que eu vi foi eu mesma". Essas fotos me levaram a pensar num erro parecido: podemos nos focar tanto em nós mesmos a ponto de perder de vista o plano de Deus.

João Batista, o primo de Jesus, sabia claramente que o seu foco não era ele mesmo. Desde o início, ele reconheceu que a sua função ou o seu chamado era conduzir as pessoas a Jesus, o Filho de Deus. "João viu Jesus caminhando em sua direção e disse: Vejam! É o Cordeiro de Deus..." (1:29). E continuou: "...vim batizando com água para que ele fosse revelado a Israel" (v.31). Quando os discípulos de João posteriormente lhe contaram que Jesus estava ganhando seguidores, ele declarou: "Vocês sabem que eu lhes disse claramente: Eu não sou o Cristo. Estou aqui apenas para preparar o caminho para ele. [...] Ele deve se tornar cada vez maior, e eu, cada vez menor" (3:28-30).

Que amar Jesus de todo o nosso coração seja o foco central da nossa vida. AMC

De que maneira eu posso amar mais a Jesus?

Jesus nos ensina a olhar além do nosso "eu" em direção a Ele.

DIA 16

UM COBERTOR PARA TODOS

Leitura: João 18:15-18, 25-27

...amem uns aos outros sinceramente, pois o amor cobre muitos pecados. 1 Pedro 4:8

Linus era um personagem na tirinha *Peanuts*. Espirituoso e sábio, embora inseguro, sempre arrastava seu cobertorzinho. Podemos nos identificar, pois também temos medos e inseguranças.

Pedro conhecia o medo. Quando Jesus foi preso, ele demonstrou coragem seguindo-o até o pátio do sumo sacerdote. No entanto, Pedro começou a demonstrar medo, mentindo para proteger sua identidade (VV:15-26). Ele negou o Senhor. Mas Jesus jamais deixou de amá-lo e, por fim, o restaurou (JOÃO 21:15-19).

A ênfase que Pedro dá ao amor veio de quem experimentou o profundo amor de Jesus. Ele enfatizou a sua importância em nossos relacionamentos com a palavra "acima de tudo". A intensidade do versículo segue com o encorajamento: "Acima de tudo, amem uns aos outros sinceramente, pois o amor cobre muitos pecados".

Você já precisou desse tipo de "cobertor"? Eu sim! Depois de dizer ou fazer algo do qual me arrependi, senti o terror da culpa e vergonha. E precisava ser "coberto" da forma como Jesus envolveu as pessoas desonradas e cheias de vergonha nos evangelhos.

Para os seguidores de Jesus, o amor é um "cobertor" concedido graciosa e corajosamente para o consolo e recuperação de outros. Como receptores de tão grande amor, sejamos doadores de tal tipo de "cobertor". *ALJ*

Pai, Teu amor, em Jesus e através dele,
nos resgata continuamente. Ajuda-me a ser um
instrumento do Teu amor salvador para os outros.

Deus nos ama — amemos uns aos outros.

DIA **17**

CONFIE EM MIM

Leitura: 1 Reis 17:7-16

Portanto, não se preocupem com o amanhã, pois o amanhã trará suas próprias inquietações. Mateus 6:34

A **pós me** formar, recebia pouco, o dinheiro era curto e, às vezes, nem tinha o suficiente para a próxima refeição. Aprendi a confiar em Deus por minha provisão *diária*.

Isso me lembra a experiência do profeta Elias. Durante seu ministério profético, ele aprendeu a confiar em Deus para a satisfação das suas necessidades diárias. Logo após Elias declarar que Deus mandaria uma seca a Israel, o Senhor o enviou a um lugar deserto, o riacho de Querite, onde usou corvos para levar-lhe as refeições diárias e a água do riacho para refrescá-lo (vv.1-4).

Mas veio a seca. O riacho encolheu-se num minúsculo ribeiro e lentamente se tornou num fio de água. Somente quando secou, Deus disse: "Vá morar em Sarepta [...]. Dei ordem a uma viúva que mora ali para lhe dar alimento" (v.9). Sarepta ficava na Fenícia, cujos habitantes eram inimigos dos israelitas. Alguém daria abrigo a Elias? E uma pobre viúva teria comida para compartilhar?

Muitos de nós preferiríamos que Deus desse em abundância bem antes de os nossos recursos se esgotarem, ao invés de o suficiente para cada dia. Mas o amoroso Pai sussurra: *Confiai em mim*. Assim como Ele usou corvos e a viúva para cuidar de Elias, nada é impossível para Ele. Podemos contar com o Seu amor e poder para suprir nossas necessidades diárias. *PFC*

Pai, obrigado por saberes o que precisamos
antes mesmo de pedirmos. Ajuda-nos a confiar em ti
para suprir nossas necessidades.

Deus supre todas as nossas necessidades
– um dia de cada vez.

DIA **18**

AMANDO TODOS

Leitura: Levítico 19:33,34

Tratem-nos como se fossem israelitas de nascimento e amem-nos como a si mesmos... v.34

Frequento uma igreja localizada em um grande campo aberto — coisa rara na ilha de Singapura (de apenas 719,1 km²).

Algum tempo atrás, estrangeiros que trabalham aqui começaram a se reunir no terreno da igreja para fazer piqueniques aos domingos.

Isso causou reações diferentes nos membros da igreja. Alguns ficaram preocupados com a bagunça que os visitantes deixariam para trás. Mas outros viram isso como uma oportunidade divina para demonstrar hospitalidade ao grupo de estranhos — sem sair do espaço da igreja!

Os israelitas devem ter enfrentado problemas semelhantes. Após se estabelecerem na nova terra, tiveram que aprender a se relacionar com outros povos. Mas Deus lhes ordenou expressamente que tratassem os estrangeiros como sendo seu próprio povo e que os amassem como a si mesmos (v.34). Muitas de Suas leis fazem menção especial aos estrangeiros: não deveriam ser maltratados ou oprimidos, e deveriam ser amados e ajudados (ÊXODO 19:34; DEUTERONÔMIO 10:19). Séculos mais tarde, Jesus nos ordenaria a fazer o mesmo: amar nosso próximo como a nós mesmos (MARCOS 12:31).

Que possamos ter o coração de Deus para amar os outros como a nós mesmos, lembrando que nós, também, somos estrangeiros nesta Terra. Ainda assim, somos amados como povo de Deus, tratados como Seus. *LK*

Pai, fizeste, cada um de nós semelhante a ti.
Que possamos amar os estrangeiros
e buscar alcançá-los com o Teu amor.

Aceitar o amor de Deus por nós
é a chave para amar os outros.

DIA **19**

ATMOSFERA DE ENCORAJAMENTO

Leitura: Romanos 15:1-7

Devemos agradar ao próximo [...] com a edificação deles como alvo. v.2

Sinto-me animado sempre que visito a academia perto de casa. Naquele lugar movimentado, sou cercado por outras pessoas que estão lutando para melhorar sua saúde física. As placas nos relembram que não devemos julgar, mas que as palavras e ações que revelam apoio aos esforços alheios são sempre bem-vindas.

Que ótima imagem de como as coisas deveriam ser na esfera espiritual da vida! Aqueles que estão lutando para "entrar em forma" espiritualmente, crescer na fé, podem às vezes se sentir excluídos, porque não são espiritualmente tão aptos — à medida que amadurecem no caminho com Jesus quanto os outros.

Paulo nos deu esta sugestão direta: "animem e edifiquem uns aos outros" (1 TESSALONICENSES 5:11). E aos cristãos de Roma, escreveu: "Devemos agradar ao próximo [...] com a edificação deles como alvo" (v.2). Reconhecendo que nosso Pai é tão generoso conosco, mostremos a graça divina aos outros com ações e palavras de encorajamento.

Ao "aceitar uns aos outros" (v.7), que confiemos nosso crescimento espiritual a Deus — à obra de Seu Espírito. E, buscando segui-lo diariamente, que possamos criar uma atmosfera de encorajamento para os nossos irmãos e irmãs em Jesus enquanto eles também buscam crescer na fé. *JDB*

Senhor, ajuda-me hoje a encorajar outras pessoas
ao longo do caminho. Guia-me para dizer palavras
que não as desanimarão, mas as levarão
a caminhar contigo no Teu amor.

Uma palavra de ânimo pode fazer a diferença
entre desistir e prosseguir.

DIA **20**

MANDE UMA CARTA

Leitura: Colossenses 1:9-12

...desde que ouvimos falar a seu respeito, não deixamos de orar por vocês... v.9

Como a maioria das crianças de 4 anos, Rúbia amava correr, cantar, dançar e brincar. Mas ela começou a se queixar de dor nos joelhos. Seus pais a levaram para fazer exames, e o resultado foi chocante: um diagnóstico de câncer no estágio 4. Rúbia rapidamente deu entrada no hospital.

A estadia da menininha se estendeu até o Natal. Uma enfermeira sugeriu colocar um tipo de caixa de correio do lado de fora do quarto para que a família pudesse enviar cartas de oração e encorajamento. Depois, o apelo chegou ao *Facebook*, e foi quando o volume de correspondências de amigos e estranhos surpreendeu todos, principalmente a garotinha Rúbia. A cada carta recebida (mais de 100 mil no total), Rúbia se tornava mais animada, e ela finalmente foi para casa.

A carta de Paulo à igreja de Colossos era exatamente isso: uma carta (v.2). Palavras escritas numa página que levaram a esperança de que pudessem dar bons frutos, conhecimento, força, perseverança e paciência (vv.10,11). Você consegue imaginar como essas palavras foram uma boa dose de remédio para os fiéis de Colossos? Só o fato de saberem que alguém estava orando sem cessar por eles os fortaleceu para que ficassem firmes na fé em Cristo Jesus.

Nossas palavras de ânimo podem ajudar dramaticamente as pessoas necessitadas.   *JB*

De que forma as palavras dos outros o encorajaram?
Que oportunidades tenho de ofertar
a alguém a "carta" com o encorajamento necessário?

Deus, traz à minha mente alguém que precise de ânimo.
E ajuda-me a agir sob a Tua orientação.

DIA 21

JUÍZO COM MISERICÓRDIA

Leitura: Tiago 2:1-13

Portanto, em tudo que disserem e fizerem, lembrem-se de que serão julgados pela lei que os liberta. v.12

Quando os meus filhos estavam discutindo e vieram queixar-se um do outro, ouvi a versão de cada um, separadamente. Como ambos eram culpados, ao final da conversa perguntei a cada um qual seria a consequência justa e adequada para a atitude do irmão. Ambos sugeriram rapidamente uma punição para o outro. Para surpresa deles, dei a cada um o castigo que um tinha indicado ao outro. De repente, cada um deles lamentou, achando que a sentença parecia "injusta" — apesar de terem considerado apropriada quando era para o outro.

Meus filhos tinham demonstrado o tipo de "juízo sem misericórdia" contra o qual Deus alerta (v.13). Tiago nos lembra de que, em vez de demonstrar favoritismo aos mais ricos, ou a si mesmo, Deus deseja que amemos os outros como nos amamos (v.8). Em vez de usarmos os outros para ganhos egoístas, ou desprezarmos aquele cuja posição não nos beneficia, Tiago nos instrui a agirmos como pessoas que sabem o quanto nos foi dado e perdoados e a estendermos essa misericórdia aos outros.

Deus concede generosamente a Sua misericórdia. Em todos os nossos relacionamentos com outras pessoas, lembremo-nos da misericórdia que Ele nos demonstrou e vamos estendê-la aos outros.

KHH

Senhor, sou grato pela grande misericórdia que demonstraste comigo. Ajuda-me a oferecer misericórdia semelhante, aos outros, em gratidão a ti.

A misericórdia de Deus nos desperta para sermos misericordiosos.

DIA **22**

A LIBERTAÇÃO DO MEDO

Leitura: Marcos 6:45-53

"Não tenham medo! Coragem, sou eu!" v.50

Nosso corpo reage aos nossos sentimentos de ameaça e medo. Uma pontada no estômago e o palpitar do coração enquanto tentamos respirar assinalam a ansiedade. Nossa natureza física não nos deixa ignorar essas sensações de inquietação.

Os discípulos sentiram ondas de medo na noite após Jesus realizar o milagre de alimentar mais de 5.000 pessoas. O Senhor os tinha mandado seguir para Betsaida na frente, para poder ficar sozinho para orar. Durante a noite, estavam remando contra o vento quando, subitamente, viram Jesus andar sobre as águas. Pensando que era um fantasma, ficaram aterrorizados (vv.49,50).

Mas Jesus os tranquilizou, dizendo-lhes para não temerem e terem coragem. Quando Jesus entrou no barco, o vento se acalmou e todos chegaram à margem. Imagino que o sentimento de pavor deles se acalmou quando sentiram a paz que Jesus lhes trouxera.

Quando perdemos o ar por causa da ansiedade, podemos descansar tranquilos no poder de Jesus. Acalmando as nossas ondas ou nos fortalecendo para enfrentá-las, Ele nos dará o dom de Sua paz que "excede todo o entendimento" (FILIPENSES 4:7). E, quando Jesus nos liberta de nossos medos, nosso espírito e corpo podem voltar ao estado de descanso. *ABP*

Senhor Jesus Cristo,
ajuda-me quando o medo parece envolver-me completamente.
Liberta-me de meus temores e concede-me a Tua paz.

O Senhor nos liberta do medo.

DIA **23**

LEVA-ME PARA A ROCHA

Leitura: Salmo 61

Dos confins da terra clamo a ti, com meu coração sobrecarregado. Leva-me à rocha alta e segura. v.2

Estava comprando um umidificador quando notei uma senhora andando de um lado para o outro no corredor. Imaginando que também deveria estar comprando umidificadores, deixei-a se aproximar. Logo começamos a conversar sobre um vírus de gripe que a tinha deixado com tosse e dor de cabeça persistentes.

Alguns minutos mais tarde, ela revelou sua amarga teoria sobre a origem do vírus. Ouvi, sem saber o que fazer. Logo ela saiu da loja, ainda zangada e frustrada. Embora ela tenha expressado sua frustração, eu não pude fazer nada para afastar aquela dor.

Davi, o segundo rei de Israel, escreveu salmos para expressar sua raiva e frustração a Deus. Mas ele sabia que Deus não apenas ouvia, mas podia fazer algo sobre sua dor. No Salmo 61, ele escreve: "Dos confins da terra clamo a ti, com meu coração sobrecarregado. Leva-me à rocha alta e segura" (v.2). Deus era o seu "refúgio" (v.3) — e a "fortaleza" para onde Davi corria.

É bom seguir o exemplo de Davi quando estamos sofrendo ou em contato com alguém que sofre. Podemos seguir "à rocha alta e segura" ou conduzir alguém até ela. Queria ter falado de Deus àquela mulher na loja. Deus pode não afastar toda a nossa dor, mas podemos descansar na paz que Ele provê e na certeza de que Ele ouve o nosso lamento. *LMW*

Deus Pai, faze-me lembrar daqueles
que precisam de um ouvido e da esperança da Tua presença.

Descanse sobre a Rocha — Cristo.

DIA 24

FÉ COM SETE LETRAS

Leitura: Habacuque 3:17-19

*...mesmo assim me alegrarei no S*ENHOR*, exultarei no Deus de minha salvação!* v.18

Com tendência a ser pessimista, tiro rápidas conclusões negativas sobre situações em minha vida. Se me frustro com um projeto de trabalho, facilmente me convenço de que nenhum outro projeto meu terá sucesso — mesmo que não haja relação entre eles — e, tocar confortavelmente meus dedos dos pés, é um deles. E, ai de mim, sou uma péssima mãe que não consegue fazer nada certo. A derrota numa área afeta, desnecessariamente, os meus sentimentos em outras.

Para mim, é fácil imaginar a reação do profeta Habacuque ao que Deus lhe mostrou. Ele teve motivos para se desesperar depois de ter visto os problemas futuros do povo de Deus; longos e árduos anos pela frente. As coisas *realmente* pareciam sombrias: sem fruto, carne e conforto. Suas palavras me levam ao desespero, mas me acordam novamente com uma pequena expressão: "*mesmo assim* me alegrarei no S*ENHOR*" (v.18). Apesar das dificuldades que anteviu, Habacuque achou motivo para se alegrar, simplesmente por quem Deus é.

Podemos até mesmo exagerar em nossos problemas, mas Habacuque realmente enfrentou dificuldades extremas. Se ele conseguiu louvar ao Senhor naqueles momentos, talvez também o consigamos. Quando atolados no profundo desespero, podemos olhar para Deus, que nos sustenta. KHH

Senhor, és a razão de toda a minha alegria.
Ajuda-me a fixar os meus olhos em ti
quando as minhas circunstâncias são dolorosas e difíceis.

Deus é o nosso motivo de alegria em meio ao desespero.

DIA **25**

A ARTE DA GRATIDÃO

Leitura: Salmo 118:1-14, 26-29

Deem graças ao Senhor, porque ele é bom; seu amor dura para sempre! v.1

No dia de nosso casamento, Martie e eu fizemos os votos de sermos fiéis "na alegria e na tristeza, na saúde e na doença, na riqueza e na pobreza". De certa forma, pode parecer estranho incluir votos sobre a crua realidade da tristeza, doença e pobreza num alegre dia de casamento. Mas isso sublinha o fato de que a vida frequentemente tem tempos "ruins".

Então, o que devemos fazer quando enfrentamos as inevitáveis dificuldades da vida? Paulo nos exorta em nome de Cristo: "Sejam gratos em todas as circunstâncias" (1 TESSALONICENSES 5:18). Pode parecer difícil, mas há um bom motivo para Deus nos encorajar a adotar o espírito de gratidão. A gratidão é embasada na verdade de que nosso Senhor "é bom" e que Seu amor "dura para sempre" (SALMO 118:1). Ele está presente conosco e nos fortalece em meio aos problemas (HEBREUS 13:5,6) e, amorosamente, usa as nossas provações para deixar o nosso caráter à Sua semelhança (ROMANOS 5:3,4).

Quando os momentos difíceis nos ferem, escolher a gratidão concentra a nossa atenção na bondade de Deus e nos traz a força para enfrentarmos as nossas lutas. Com o salmista, podemos louvar. "Deem graças ao Senhor, porque ele é bom; seu amor dura para sempre!" (SALMO 118:29). — *JMS*

*Senhor, percebo que concentrar-me
em meus problemas me faz esquecer de que,
mesmo em meio às provações,
tu és bom. Ensina-me a arte de ter um coração grato.*

A gratidão é uma virtude que cresce com a prática.

DIA **26**

UMA BOA ESTAÇÃO

Leitura: Eclesiastes 3:1-11

Há um momento certo para tudo, um tempo para cada atividade debaixo do céu. v.1

As **estações** do ano ocorrem em períodos diferentes ao redor do mundo. Se você vive na Austrália ou no Brasil, pode ser outono — equinócio de primavera no Hemisfério Norte, e de outono, no Hemisfério Sul. Quando o sol brilha diretamente na linha do Equador a duração do dia e da noite é quase igual em todo o globo.

Para muitos, as novas estações são importantes. Uns contam os dias por causa do que esperam que a nova estação lhes traga. Talvez marquem a primavera no seu calendário para sinalizar o final de outro inverno extremamente frio. Ou quem sabe, no Sul, estão ansiosos para que o outono alivie o fortíssimo sol do verão.

Todos nós também atravessamos as estações da vida, mas essas fases que vivemos nada têm a ver com o clima em si. O autor de Eclesiastes nos diz que há um tempo para cada atividade sob o Sol — um tempo indicado por Deus, durante o qual vivemos o nosso dia a dia (vv.1-11).

Moisés falou de um novo tempo em sua vida após conduzir o povo de Israel através do deserto (DEUTERONÔMIO 31:2) e ele, mais tarde, teve que entregar a sua liderança a Josué. Paulo enfrentou um tempo de solidão durante a sua prisão domiciliar em Roma — pedindo visitas, mas entendendo que Deus estava ao lado dele (2 TIMÓTEO 4:17).

Independentemente da estação da vida, agradeçamos a Deus por Sua grandeza, ajuda e companhia. *JDB*

Obrigado, Pai, pela promessa do Teu cuidado
nesse momento de minha vida.
Ajuda-me a aprofundar minha confiança em ti.

Cada estação traz um motivo para nos alegrarmos no Senhor.

DIA **27**

TRANSMITINDO O LEGADO

Leitura: Salmo 79:8-13

Então nós, teu povo, [...] para sempre te daremos graças e louvaremos tua grandeza por todas as gerações. v.13

Meu celular apitou indicando o recebimento de mensagem. A minha filha queria a receita da torta de sorvete de menta da minha avó. Enquanto percorria os cartões amarelados da minha antiga caixa de receitas, meus olhos avistaram a letra peculiar de minha avó — e diversas anotações na letrinha da minha mãe. Ocorreu-me que, com o pedido de minha filha, a torta de sorvete de menta faria a sua estreia na quarta geração da família.

E pensei: *Quais outras heranças de família que podem seguir de geração em geração? E quais escolhas com relação à fé? Além dessa torta, a fé que a minha avó professava — e a minha — fariam parte da vida de minha filha e de seus descendentes?*

No Salmo 79, o salmista lamenta o Israel rebelde, que tinha perdido as bases de sua fé. Ele implora a Deus que resgate o Seu povo da iniquidade e restaure Jerusalém à segurança. Isso feito, ele promete um compromisso restaurado — e contínuo — com os caminhos de Deus: "...para sempre te daremos graças e louvaremos tua grandeza por todas as gerações" (v.13).

Prontamente, compartilhei a receita com expectativas, sabendo que o legado da sobremesa de minha avó seguiria por mais uma geração de nossa família. E orei sinceramente pela herança mais duradoura de todas: a influência da fé que nossa família transmite de geração em geração. *ELM*

Qual o seu legado para a próxima geração?

**Compartilhar e viver pela nossa fé
são as melhores formas de deixar um legado.**

DIA **28**

O SENTIDO DE ESTAR VIVO

Leitura: Lucas 12:22-34

Guardem-se de todo tipo de ganância. A vida de uma pessoa não é definida pela quantidade de seus bens. v.15

Ao consultar livros sobre finanças, notei uma tendência interessante. Os conselhos são bons, porém muitos afirmam que a principal razão de cortar custos é viver melhor mais tarde. Mas um deles ofereceu uma perspectiva diferente e argumenta que o essencial é viver com *simplicidade* para se viver ricamente. E sugere que se você precisa de mais bens para sentir alegria, "está perdendo o sentido de estar vivo".

Isso me lembrou o homem que pediu a Jesus que mandasse seu irmão dividir uma herança com ele. Jesus o repreendeu antes de adverti-lo a guardar-se de "todo tipo de ganância. A vida de uma pessoa não é definida pela quantidade de seus bens" (v.15). Em seguida, Ele descreveu os planos de uma pessoa para armazenar a colheita e ter vida luxuosa, com a forte conclusão: a riqueza não lhe trouxe qualquer bem, uma vez que ele morreria naquela noite (vv.16-20).

Somos responsáveis por usar nossos recursos com sabedoria e Jesus nos adverte sobre a nossa motivação. Nosso coração deve estar focado em buscar o reino de Deus — em conhecê-lo e em servir aos outros — não em garantir o próprio futuro (vv.29-31). Ao vivermos para Ele, e compartilharmos com os outros, podemos desfrutar de uma vida rica com Ele *agora* — no reino que dá sentido à toda a vida (vv.32-34). MRB

Senhor, obrigado por tudo que tão generosamente proveste.

Não precisamos esperar para desfrutar uma vida rica no reino de Deus.

DIA **29**

LEMBRANDO MEU PAI

Leitura: Jó 38:1-11

Em tudo que fizerem, trabalhem de bom ânimo, como se fosse para o Senhor... Colossenses 3:23

Quando lembro do meu pai, imagino-o martelando, fazendo jardinagem ou trabalhando em sua oficina bagunçada, cheia de ferramentas fascinantes e acessórios interessantes. As mãos dele estavam sempre ocupadas numa tarefa ou projeto, às vezes serrando, às vezes projetando joias ou vitrais.

Lembrar-me do meu pai me incita a pensar no meu Pai celestial e Criador, que sempre está ocupado. No início, Deus lançou "os alicerces do mundo [...] enquanto as estrelas da manhã cantavam juntas, e os anjos davam gritos de alegria" (JÓ 38:4-7). Tudo o que Ele criava era uma obra de arte, uma obra-prima. Ele projetou um mundo lindíssimo e viu que era "muito bom" (GÊNESIS 1:31).

Isso inclui você e eu. Deus nos projetou com detalhes íntimos e complexos (SALMO 139:13-16); e confiou a nós (criados à Sua imagem) o propósito e o desejo de trabalhar, o que inclui dominar e cuidar da Terra e de suas criaturas (GÊNESIS 1:26-28; 2:15). Não importa o trabalho que façamos, em nosso emprego ou no lazer, Deus nos capacita e nos dá o que precisamos para trabalhar de todo o coração para Ele.

Em tudo o que fizermos, que o façamos para agradar a Deus.

ADK

Como Deus tem agido recentemente em sua vida?
De que maneira o seu ponto de vista se altera
quando as tarefas seculares são vistas como oportunidades
de servir e honrar a Deus?

Deus nos capacita para cumprirmos os Seus propósitos.

DIA 30

BACIA DE AMOR

Leitura: João 13:1-17

Depois, derramou água numa bacia e começou a lavar os pés de seus discípulos... v.5

Muitos anos atrás, na aula de Física, nosso professor nos pediu para dizer — sem nos virarmos — a cor da parede dos fundos da sala de aula. Ninguém soube responder, porque ninguém tinha reparado.

Às vezes, perdemos ou negligenciamos as "coisas" da vida, simplesmente porque não conseguimos absorver tudo. Às vezes, não vemos o que sempre esteve ali.

Foi assim comigo quando reli recentemente o relato de Jesus lavando os pés de Seus discípulos. A história é conhecida, pois é lida com frequência na semana da Páscoa. Ficamos surpresos que o nosso Salvador e Rei se inclinasse para limpar os pés dos Seus discípulos. Nos tempos de Jesus, até os servos judeus eram poupados dessa tarefa, porque isso era visto como algo que os diminuía. Mas eu não tinha notado antes que Jesus, que era homem e Deus, tinha lavado os pés de Judas. Mesmo sabendo que este o trairia, como vemos em João 13:11, Jesus se humilhou e lavou os pés de Judas.

O amor transbordou daquela bacia de água — amor que Ele compartilhou até com aquele que o trairia. Ao relembrarmos os acontecimentos da semana da Páscoa, nos quais se celebram a ressurreição de Jesus, que possamos também receber o dom da humildade, para que tenhamos a capacidade de estender o amor de Jesus aos nossos amigos e a qualquer inimigo. *ABP*

*Senhor Jesus, enche o meu coração de amor
para que eu possa arregaçar as minhas mangas
e lavar os pés dos outros para a Tua glória.*

**Por amor, Jesus se humilhou
e lavou os pés de Seus discípulos.**

DIA **31**

CRIADOR E SUSTENTADOR

Leitura: Hebreus 1:1-4

O Filho irradia a glória de Deus [...] com sua palavra poderosa, sustenta todas as coisas... v.3

Trabalhando com vidro e pinças, o relojoeiro suíço Phillipe me explicou como ele separa, limpa e remonta as peças minúsculas de relógios mecânicos especiais. Olhando todas as peças complexas, Phillipe me mostrou o componente essencial do relógio: a mola principal, responsável por mover todas as engrenagens que fazem o relógio marcar o tempo. Sem ela, nem o relógio mais magistralmente projetado funcionará.

Na passagem de Hebreus, o escritor louva a Jesus por ser aquele por meio de quem Deus criou os Céus e a Terra. Como a complexidade do relógio especial, cada detalhe do nosso Universo foi criado por Jesus (v.2). Da vastidão do sistema solar à unicidade das nossas digitais, todas as coisas foram feitas por Ele.

Mais do que o Criador, Jesus, como a mola principal do relógio, é essencial para o funcionamento e o sucesso da criação. Sua presença "com sua palavra poderosa, sustenta todas as coisas" (v.3), mantendo tudo funcionando em conjunto em sua complexidade impressionante.

Ao ter a oportunidade de provar a beleza da criação hoje, lembre-se de que Ele "mantém tudo em harmonia" (COLOSSENSES 1:17). Que o reconhecimento do papel vital de Jesus em criar e sustentar o Universo resulte num coração alegre e numa resposta de louvor à Sua provisão contínua por nós. *LMS*

O que na criação de Deus o faz adorá-lo?
Encoraja-o saber que Jesus está sustentando
a Terra e tudo o que nela há?

Somos gratos por tudo o que criaste
e como cuidas de toda a criação e a sustentas.

DIA 32

DOCE E AMARGO

Leitura: Salmo 119:65-72

Tu és bom e fazes somente o bem; ensina-me teus decretos. v.68

Algumas pessoas gostam de chocolate amargo e outras preferem o doce. Os antigos Maias da América Central gostavam de beber chocolate e o temperavam com pimenta. Gostavam dessa "água amarga", como chamavam. Muitos anos mais tarde, o chocolate foi introduzido na Espanha, mas os espanhóis o preferiram doce, então acrescentaram açúcar e mel para neutralizar o amargor natural.

Como o sabor do chocolate, os dias podem ser amargos ou doces. Um monge francês do século 17, chamado Irmão Lawrence, escreveu: "Se soubéssemos o quanto Deus nos ama, estaríamos sempre prontos a receber de Sua mão, igualmente, o doce e o amargo". Aceitar igualmente o doce e o amargo? É difícil! Sobre o que o Irmão Lawrence estava falando? A chave está nos atributos de Deus. O salmista disse "Tu és bom e fazes somente o bem; ensina-me teus decretos" (v.68).

Os Maias também valorizavam o chocolate amargo por suas propriedades medicinais. Os dias amargos também têm o seu valor. Eles nos tornam cientes de nossas fraquezas e nos ajudam a depender mais de Deus. O salmista escreveu: "O sofrimento foi bom para mim, pois me ensinou a dar atenção a teus decretos" (v.71). Hoje, abracemos a vida com seus diferentes sabores — seguros da bondade de Deus. Que possamos dizer: "Muitas coisas boas me tens feito, SENHOR, como prometeste" (v.65). KOH

*Pai, ajuda-me a ver a Tua bondade,
mesmo em momentos de provação.*

Deus é bom em todo o tempo!

DIA **33**

EM NOSSAS TEMPESTADES

Leitura: Marcos 4:35-41

**Jesus [...] disse ao mar: "Silêncio! Aquiete-se!".
De repente, o vento parou, e houve grande
calmaria.** v.39

O vento uivava, raios piscavam, ondas batiam. Achei que ia morrer. Meus avós e eu pescávamos no lago, mas ficamos tempo demais. Quando o Sol se pôs, uma rajada de vento balançou nosso pequeno barco. Vovô me mandou sentar na frente para evitar que o barco virasse. O terror inundou meu coração e comecei a orar. Eu tinha 14 anos.

Pedi a Deus por segurança e proteção. A tempestade não diminuiu, mas conseguimos chegar à margem. Até hoje, não sei se, alguma vez, senti uma certeza mais profunda da presença de Deus do que naquele entardecer na tempestade.

Jesus conhece as tempestades. Em Marcos 4:35-41, Ele disse a Seus discípulos "vamos atravessar para o outro lado do mar", pois logo viria o vento, e a água ficaria agitada. A tempestade daquela noite testou e venceu aqueles rudes pescadores. Eles também acharam que morreriam. Mas Jesus acalmou a água e, dessa maneira, fortaleceu a fé dos Seus discípulos.

Jesus nos convida a confiar nele em nossas tempestades. Às vezes, Ele acalma miraculosamente o vento e as ondas. Em outras, faz um milagre: acalma o nosso coração e nos ajuda a confiar nele. Pede-nos para descansar na certeza de que Ele tem o poder de dizer às ondas: "Silêncio! Aquiete-se!" ARH

*Senhor, às vezes parece que somos tragados
pelas tempestades. Confiamos que és o Senhor
das tempestades; ajuda-nos a colocar nossa fé em ti
quando os ventos da vida sopram ferozmente.*

**Nenhum perigo pode chegar tão perto,
que Deus não esteja mais perto ainda.**

DIA **34**

AS MARCAS DA AMIZADE

Leitura: João 15:9-17

Vocês serão meus amigos se fizerem o que eu ordeno. v.14

Eu ainda era pequeno em Gana e gostava de segurar a mão do meu pai e andar com ele por lugares lotados. Ele era meu pai e meu amigo, porque dar as mãos em minha cultura é um sinal de verdadeira amizade. Caminhando, nós conversávamos sobre vários assuntos. Sempre que eu me sentia sozinho, encontrava consolo nele. Como eu valorizava a sua companhia!

O Senhor Jesus chamou Seus seguidores de *amigos* e lhes mostrou as marcas da Sua amizade: "Eu os amei como o Pai me amou. Permaneçam no meu amor" (v.9), até mesmo entregando a própria vida por eles (v.13). Cristo lhes mostrou as coisas do reino (v.15). Ensinou-lhes tudo o que Deus havia lhe dado (v.15). E lhes concedeu a oportunidade de participar da Sua missão (v.16).

Como nosso Companheiro definitivo, Jesus anda conosco, conhece o nosso sofrimento e ouve nossos desejos. Quando estamos sozinhos e desanimados, nosso Amigo Jesus nos faz companhia.

E nossa comunhão com Jesus é maior quando amamos uns aos outros e obedecemos aos Seus mandamentos (vv.10,17). À medida que obedecermos às Suas ordenanças, daremos "frutos duradouros" (v.16).

Caminhando por ruas lotadas e caminhos perigosos do nosso mundo turbulento, podemos contar com a companhia do Senhor. Essa é a marca da Sua amizade. Ele nunca nos decepciona e promete estar conosco "até o fim dos tempos" (MATEUS 28:20). LD

O que significa ser amigo de Jesus?
Como Ele lhe revela a Sua presença?

Demonstramos gratidão ao Senhor servindo-o com fidelidade.

DIA **35**

SEM PRESSA

Leitura: Isaías 26:1-4

Tu guardarás em perfeita paz todos que em ti confiam, aqueles cujos propósitos estão firmes em ti. v.3

"**E**limine implacavelmente a pressa." Quando dois amigos repetiram para mim essa sábia citação do filósofo cristão Dallas Willard, percebi que precisava considerá-la. Onde eu estava girando em círculos, perdendo tempo e energia? Mais importante, para onde eu estava indo tão apressado, sem buscar a orientação e ajuda de Deus? Nas semanas e meses que se seguiram, lembrei-me daquelas palavras e me reorientei de volta ao Senhor e Sua sabedoria. Lembrava-me de confiar nele ao invés de em meus próprios caminhos.

Afinal, correr freneticamente parece ser o oposto da "perfeita paz" da qual fala o profeta Isaías. O Senhor dá esse presente para "aqueles cujos propósitos estão firmes" nele (v.3). E Ele é digno de confiança hoje, amanhã e para sempre, "pois o Senhor Deus é a Rocha eterna" (v.4). Confiar em Deus com nossa mente fixa nele é o antídoto para a vida apressada.

E nós? Sentimos que estamos apressados ou precipitados? Talvez, em contraste, experimentemos frequentemente uma sensação de paz. Ou, quiçá, estamos em algum lugar entre dois extremos.

Onde quer que estejamos, hoje, oro para sermos capazes de colocar de lado qualquer pressa à medida que confiamos no Senhor, que jamais falhará conosco, e que nos traz a Sua paz.

ABP

Senhor Deus, só tu nos dás a paz
que ultrapassa todo o entendimento.
Obrigado por mais esse presente imerecido.

A paz de Deus nos ajuda a não agirmos com tanta pressa.

DIA **36**

AMOR INEXPLICÁVEL

Leitura: João 13:31-35

Assim como eu vos amei, vocês devem amar uns aos outros. v.34

Nossa congregação fez uma surpresa para o meu filho no seu aniversário de 6 aninhos. Os membros da igreja decoraram o espaço com balões e a mesa com o bolo. Quando o meu filho abriu a porta, todos gritaram: "Parabéns!".

Enquanto eu cortava o bolo, meu filho sussurrou no meu ouvido: "Mãe, por que todo mundo aqui me ama?". Eu tinha a mesma pergunta! Eles nos conheciam apenas há seis meses e nos tratavam como amigos de longa data.

O amor demonstrado pelo meu filho refletia o amor de Deus por nós. Não entendemos por que o Senhor nos ama, mas Ele nos ama — e o Seu amor é uma dádiva. Nada fizemos para merecê-lo, mas Deus nos ama generosamente. As Escrituras afirmam: "Deus é amor" (1 JOÃO 4:8). O amor é a essência de Deus.

Deus derramou o Seu amor sobre nós a fim de que pudéssemos demonstrar o mesmo amor aos outros. Jesus disse aos Seus discípulos: "Assim como eu vos amei, vocês devem amar uns aos outros. Seu amor uns pelos outros provará ao mundo que são meus discípulos" (vv.34,35).

As pessoas da nossa igreja nos amam porque o amor de Deus está nelas, brilha por meio delas e as identifica como seguidores de Jesus. Não compreendemos totalmente o amor de Deus, mas podemos derramá-lo sobre os outros — sendo exemplos de Seu amor inexplicável.

KOH

Você experimentou recentemente o amor de Deus por meio de outros? Como você pode revelar os Seus caminhos compassivos para outras pessoas hoje?

Porque Deus nos ama, podemos amar uns aos outros.

DIA **37**

CUIDADO!

Leitura: 1 Pedro 5:6-11

Estejam atentos! Tomem cuidado com [...] o diabo, que anda como um leão rugindo à sua volta, à procura de alguém para devorar. v.8

Cresci em cidades quentes do sul da América do Norte e ao nos mudamos para o Norte, levou tempo para eu aprender a dirigir durante os longos meses de neve. Meu primeiro inverno foi difícil, acabei encalhada num monte de neve três vezes! Mas, com anos de prática, senti-me mais confortável dirigindo em condições invernais. Na realidade, senti-me um pouco confortável demais. Deixei de vigiar. E foi então que atingi um bloco de gelo escuro e deslizei até um poste telefônico ao lado da estrada!

Felizmente, ninguém se machucou, mas aprendi algo importante naquele dia. Percebi o quanto poderia ser perigoso sentir-me confortável. Em vez de tomar cuidado, entrei no modo "piloto automático".

Precisamos praticar esse mesmo tipo de vigilância em nossa vida espiritual. Pedro alerta os cristãos a não deslizarem impensadamente pela vida, mas que "estejam atentos" (v.8). O diabo tenta ativamente nos destruir, e por isso precisamos estar alertas, resistir à tentação e permanecermos firmes na fé (v.9). Não é algo que temos de fazer sozinhos. Deus promete estar conosco em meio ao sofrimento e, por fim, sustentar-nos, fortalecer-nos, e colocar-nos "sobre um firme alicerce" (v.10). Pelo Seu poder, aprendemos a permanecer vigilantes e alertas para resistir ao mal e seguir a Deus.

ALP

Em que áreas você precisa estar mais alerta?
De que forma você permanecerá vigilante em seguir a Jesus?

Deus, guarda-me de sentir-me confortável
em minha vida espiritual
e ajuda-me a ser vigilante para resistir à tentação.

DIA **38**

O SEGREDO DA PAZ

Leitura: 2 Tessalonicenses 3:16-18

Que o próprio Senhor da paz lhes dê paz em todos os momentos e situações. v.16

Graça é uma senhora especial. Quando penso nela, uma palavra me vem à mente: *paz*. A expressão tranquila e serena em seu rosto raramente mudou nesses seis meses desde que a conheço, mesmo quando o seu marido foi diagnosticado com uma doença rara, e, em seguida, hospitalizado.

Quando perguntei a Graça o segredo de sua paz, ela respondeu: "Não é um segredo, é uma pessoa. É a presença de Jesus em mim. Não há outra maneira de explicar a tranquilidade que sinto em meio a essa tempestade".

O segredo da paz é o nosso relacionamento com Jesus Cristo. Ele é a nossa paz. Quando Jesus é o nosso Salvador e Senhor, à medida que nos tornamos mais semelhantes a Ele, a paz se torna real. Coisas como doenças, dificuldades financeiras ou perigos podem estar presentes, mas a paz nos assegura de que Deus segura a nossa vida em Suas mãos (DANIEL 5:23), e que podemos confiar que tudo trabalhará conjuntamente para o bem.

Experimentamos essa paz que vai além da lógica e do entendimento? Temos a certeza íntima de que Deus está no controle? Meu desejo hoje para todos nós ecoa as palavras do apóstolo Paulo: "Que o próprio Senhor da paz lhes dê paz em todos os momentos e situações". E que a sintamos "...em todos os momentos e situações" (2 TESSALONICENSES 3:16). KOH

*Querido Senhor, por favor, concede-nos a Tua paz
em todo o tempo e em todas as circunstâncias.*

**Confiar em Jesus é desfrutar da paz
que excede todo o entendimento.**

DIA **39**

A FÉ DA VIÚVA

Leitura: 2 Reis 4:1-7

Essas coisas ocupam o pensamento dos pagãos, mas seu Pai celestial já sabe do que vocês precisam. Mateus 6:32

Ainda está escuro quando *Ah-pi* começa o seu dia. Logo, outros da vila acordarão para ir ao seringal. Coletar o látex é uma das principais fontes de renda para quem vive nessa parte da China. Para coletar a maior quantidade de látex possível, as árvores devem ser sangradas antes do amanhecer. *Ah-pi* estará entre os sangradores, mas, antes, passará um tempo em comunhão com Deus.

O pai, o marido e o único filho de *Ah-pi* faleceram, e ela e a nora sustentam a mãe idosa e dois netinhos. Sua história me lembra a de outra viúva na Bíblia, que confiava em Deus.

O marido dela tinha morrido e a deixara com uma dívida (v.1). Em sua angústia, ela buscou a ajuda de Deus através do profeta Eliseu. Essa mulher acreditava que Deus se importava com ela e que poderia fazer algo a respeito da situação. E Deus fez. Miraculosamente, proveu as necessidades daquela viúva (vv.5,6). O mesmo Deus também provê para *Ah-pi* — talvez de forma menos miraculosa — através do trabalho de suas mãos, o produto da terra e doações de Seu povo.

Embora a vida possa colocar diversas demandas sobre nós, sempre podemos buscar o fortalecimento em Deus. Podemos confiar nossas preocupações a Ele, fazer tudo o que pudermos, e permitir que Ele nos surpreenda com o que Ele pode fazer com a nossa situação. PFC

Pai, obrigado por Tua paciência quando confio em meus próprios recursos e vou a ti apenas em última instância. Ensina-me a buscar primeiro a Tua ajuda.

Enfrentamos situações que esgotam os nossos recursos, mas que jamais esgotam os recursos de Deus.

DIA **40**

PONTO SEM VOLTA

Leitura: Tiago 3:1-12

...a língua é uma chama de fogo. É um mundo de maldade que corrompe todo o corpo... v.6

Não era tão simples como cruzar outro rio qualquer. Por lei, um general não podia entrar em Roma conduzindo tropas armadas. Quando Julius César atravessou o rio Rubicão com a 13.ª Legião e entrou na Itália, em 49 a.C., foi um ato de traição. O impacto foi irreversível, gerando anos de guerra civil até o general se tornar governante absoluto. Ainda hoje, "cruzar o Rubicão" é uma metáfora para "caminho sem volta".

Às vezes podemos cruzar o Rubicão relacional com as palavras que proferimos. Uma vez ditas, elas não podem ser retiradas. Uma vez ditas podem oferecer ajuda e consolo ou causar danos tão irreversíveis quanto a marcha de César em Roma. Tiago nos deu outra imagem: "E, entre todas as partes do corpo, a língua é uma chama de fogo. É um mundo de maldade que corrompe todo o corpo. Ateia fogo a uma vida inteira, pois o próprio inferno a acende" (v.6).

Quando tememos ter cruzado o Rubicão com alguém, podemos buscar o seu perdão — e o de Deus (MATEUS 5:23,24; 1 JOÃO 1:9). Porém, melhor ainda é descansar diariamente no Espírito de Deus, ouvindo o desafio de Paulo: "Que suas conversas sejam amistosas e agradáveis..." (COLOSSENSES 4:6), assim, elas honrarão nosso Senhor e animarão e encorajarão quem está ao nosso redor.

WEC

Senhor, guarda o meu coração e palavras hoje.
Que eu te agrade e leve saúde e cura aos outros.

Quando as palavras se tornam armas,
nossos relacionamentos logo se tornam vítimas.

DIA **41**

AS TERRAS AO LONGE

Leitura: Isaías 33:17-22

Seus olhos verão o rei em todo o seu esplendor, verão uma terra que se estende para longe. v.17

Amy Carmichael (1867-1951) é conhecida pelo resgate de meninas órfãs na Índia e por dar a elas novo começo. Em meio ao seu exaustivo trabalho, houve momentos que ela chamava de "momentos de visão". Em seu livro *Gold by Moonlight* (Ouro ao luar), ela escreveu: "Em meio a um dia atarefado, nos foi dado quase um vislumbre das terras que se estendem para longe e permanecemos parados, presos na estrada".

O profeta Isaías falou de um tempo quando o povo rebelado de Deus voltaria para Ele. "Seus olhos verão o rei em todo o seu esplendor, verão uma terra que se estende para longe" (v.17). Ver essa "terra ao longe" é ser levado acima das circunstâncias do presente imediato e ganhar uma perspectiva eterna. Em tempos difíceis, Deus nos permite ver nossa vida do Seu ponto de vista e a readquirir esperança. "Pois o SENHOR é nosso juiz, nosso comandante e nosso rei; ele nos livrará" (v.22).

A cada dia, podemos escolher baixar o olhar em desânimo, ou elevar os nossos olhos para a "terra que se estende para longe", para o Senhor que é o "nosso Poderoso" (v.21).

Amy Carmichael passou 55 anos na Índia ajudando garotas necessitadas. Como fez? A cada dia ela fixava o seu olhar em Jesus e colocava a vida dela aos cuidados do Senhor. E nós também podemos fazer o mesmo. DCM

Senhor, elevamos o nosso olhar acima das circunstâncias que nos desencorajam para ver o Teu esplendor e encontrar paz.

Fixe os teus olhos em Jesus, o Mestre. Contemple-o.

DIA **42**

PERSEVERANDO COM PAZ

Leitura: Salmo 3

Mas tu, Senhor, és um escudo ao meu redor; és minha glória e manténs minha cabeça erguida. v.3

À **medida que** sigo confiando em Deus em minhas lutas contra a dor crônica, o menor recuo pode parecer um feroz ataque. Problema 1: acerta-me de direita; 2, ataca-me pelas costas; 3, dá-me um soco no nariz. Nesses períodos, quando minha força diminui e foge o alívio imediato, esconder-me parece ser uma boa ideia. Porém, como não posso fugir da dor, mudar as circunstâncias ou ignorar minhas emoções, estou aprendendo lentamente a confiar que Deus me sustenta.

Quando preciso de incentivo, conforto e coragem, oro os cânticos dos salmistas que, com sinceridade, levam a situação deles a Deus. Em um dos meus salmos favoritos, o rei Davi foge de seu filho Absalão, que queria matá-lo e tomar-lhe o reino. Embora Davi lamentasse a dolorosa situação (vv.1,2), ele confiou na proteção de Deus e esperou por Sua resposta às orações dele (vv.3,4). O rei não perdeu o sono se preocupando ou temendo com o que poderia acontecer porque confiou em Deus para o sustentar e salvar (vv.5-8).

Com frequência, as dores físicas e emocionais podem parecer adversárias cruéis. Podemos ser tentados a desistir ou desejar fugir quando estamos cansados e não conseguimos ver o fim da batalha atual. Porém, como Davi, podemos aprender a confiar que Deus nos amparará e nos ajudará a descansar em Sua constante e amorosa presença. *XED*

*Senhor, obrigado por nos dares descanso na paz
da Tua constante presença
e nos garantir a vitória que já conquistaste.*

**Deus nos oferece paz quando nos ampara
e nos sustenta em meio a cada provação.**

DIA **43**

O CAIS DA SAUDADE

Leitura: Deuteronômio 34:1-5

...permiti que você a visse com seus próprios olhos, mas você não atravessará o rio para entrar nela. v.4

"**A**h, todo o cais é uma saudade de pedra!", diz Fernando Pessoa no poema "Ode Marítima". O píer de Pessoa representa as emoções que sentimos quando um navio se afasta lentamente. Ele parte e o píer permanece, um monumento duradouro às esperanças e sonhos, despedidas e anseios. Desejamos o que está perdido e o que não conseguimos alcançar. O poeta descreve o indescritível. A palavra "saudade" refere-se a um anseio nostálgico que sentimos, uma dor profunda que desafia o seu significado.

Talvez o monte Nebo representasse o "cais" para Moisés. Dali, ele contemplou a Terra Prometida, na qual nunca pisaria. Deus disse a Moisés: "permiti que você a visse com seus próprios olhos, mas você não atravessará o rio para entrar nela" (v.4). Isso pode parecer cruel. Mas, se é tudo que vemos, perdemos a essência do que está acontecendo. Deus está consolando Moisés: "Esta é a terra que prometi sob juramento a Abraão, Isaque e Jacó, quando disse: 'Eu a darei a seus descendentes'" (v.4). Breve Moisés deixaria o Nebo para uma terra muito melhor do que Canaã (v.5).

A vida muitas vezes nos encontra no cais. Os queridos partem; as esperanças desaparecem; sonhos morrem. Nisso, sentimos ecos do Éden e indícios do Céu. Nossos anseios nos levam a Deus, que é o cumprimento pelo qual ansiamos. *TLG*

Quais são os seus anseios?
Você os satisfaz com opções erradas?
Como encontrar a verdadeira satisfação somente em Deus?

A coisa mais doce de toda a minha vida é o desejo de alcançar a Montanha para encontrar o lugar de onde veio toda a beleza. C. S. LEWIS

DIA **44**

LOUVANDO A BONDADE DE DEUS

Leitura: Salmo 136:1-15

Deem graças ao Senhor, porque ele é bom.
Seu amor dura para sempre! v.1

Alguém em nosso grupo de estudo bíblico sugeriu: "Vamos escrever nossos salmos!". No início, alguém disse não ter jeito para escrever, mas, com um pouco de incentivo, cada um compôs uma canção poética narrando como Deus tinha agido em sua vida. Das provações, proteção, provisão e até da dor e das lágrimas, surgiram mensagens provendo aos nossos salmos temas fascinantes. Como no Salmo 136, cada texto revelou que *o amor de Deus dura para sempre!*

Todos nós temos uma história sobre o amor de Deus para contar, escrever ou cantar. Para alguns, as experiências podem ser dramáticas ou intensas — como o escritor do Salmo 136, que relatou como Deus libertou o Seu povo do cativeiro e conquistou Seus inimigos (vv.10-15). Outros podem descrever a maravilhosa criação de Deus: "àquele que com entendimento fez os céus [...] que estendeu a terra sobre as águas [...] que fez os grandes luminares [...] o sol para presidir o dia [...] a lua e as estrelas para presidirem a noite..." (vv.5-9).

Lembrar quem é Deus e o que Ele fez inspira louvores e graças que o glorificam. Podemos louvar "...com salmos, [...] hinos e cânticos espirituais" (EFÉSIOS 5:19) sobre a bondade do Senhor cujo *amor dura para sempre!* Transforme sua experiência sobre o amor de Deus em cântico de louvor e desfrute o transbordar de Sua infindável bondade. LD

Senhor, enche o meu coração de gratidão,
de reconhecimento e louvor a ti.

Por toda a eternidade, o amor de Deus dura para sempre.

DIA 45

PRECISAMOS UNS DOS OUTROS

Leitura: Colossenses 3:12-17

...que a paz de Cristo governe o seu coração, pois, [...] vocês são chamados a viver em paz. v.15

Enquanto caminhava com meus filhos, descobrimos uma planta verde clara e macia crescendo em pequenas moitas na trilha. De acordo com uma placa indicativa, a planta é comumente chamada de musgo de cervo, mas na verdade não é um musgo. É um líquen; um fungo e uma alga que crescem juntos em uma relação mutualística na qual ambos os organismos se beneficiam um do outro. Nem o fungo, nem a alga conseguem sobreviver por conta própria, mas juntos formam uma planta resistente que pode viver em algumas áreas alpinas por até 4.500 anos. Como a planta pode resistir à seca e às baixas temperaturas, ela é uma das únicas fontes de alimento para o caribu (rena) no inverno intenso.

A relação entre o fungo e a alga me faz lembrar de nossas relações humanas. Confiamos um no outro. Para crescer e florescer, precisamos nos relacionar uns com os outros.

Paulo descreve como nossos relacionamentos devem ser. Devemos nos revestir de "compaixão, bondade, humildade, mansidão e paciência" (v.12). Devemos perdoar uns aos outros e viver em paz "como membros do mesmo corpo" (v.15).

Nem sempre é fácil viver em paz com nossas famílias ou amigos. Mas, quando o Espírito nos capacita a exibir humildade e perdão em nossos relacionamentos, nosso amor um pelo outro honra a Cristo (JOÃO 13:35) e traz glória a Deus. ALP

De que maneira os seus relacionamentos destacam o senhorio de Jesus? Como você pode buscar a paz?

Senhor, enche-nos de compaixão, humildade, gentileza e paciência para o mundo ver o Teu amor em nós.

DIA 46

AINDA QUE...

Leitura: Daniel 3:8-18

...Deus [...] pode nos salvar [...] Mas, ainda que ele não nos livre [...] jamais serviremos seus deuses... vv.17,18

À s vezes, a vida nos atinge com um tremendo golpe. Outras, o milagre acontece.
    Três jovens, cativos na Babilônia, ficaram diante do temido rei daquela terra e, corajosamente, declararam que sob nenhuma circunstância adorariam a gigantesca imagem de ouro perante eles. Juntos, declararam: "Se formos lançados na fornalha ardente, o Deus a quem servimos pode nos salvar. Sim, ele nos livrará de suas mãos, ó rei. Mas, *ainda que* ele não nos livre, queremos deixar claro, ó rei, que jamais serviremos seus deuses..." (DANIEL 3:17,18).
    Os três homens — Sadraque, Mesaque e Abede-Nego — foram jogados na fornalha ardente; e, miraculosamente, Deus os livrou de tal modo que nem um fio de cabelo ficou queimado, nem suas roupas tinham cheiro de fumaça (vv.19-27). Eles foram preparados para morrer, mas sua confiança em Deus era inabalável "ainda que" Ele não os salvasse.
    Deus deseja que sejamos fiéis a Ele *ainda que* nosso ente querido não seja curado, *ainda que* percamos nosso emprego, *ainda que* sejamos perseguidos. Às vezes, Deus nos resgata do perigo nesta vida, mas, às vezes não. Porém a verdade na qual podemos nos agarrar firmemente é esta: "O Deus a quem servimos pode", nos ama, e está conosco em cada terrível provação, em cada *ainda que...*   ADK

Querido Senhor, amamos-te! Por favor, dá-nos fé inabalável, força e esperança a cada dia, não importa as circunstâncias.

Deus é capaz.

DIA **47**

DEUS SALVOU MINHA VIDA

Leitura: João 8:42-47

Quando ele mente, age de acordo com seu caráter, pois é mentiroso e pai da mentira. v.44

Aos 15 anos, Arão começou a invocar a Satanás e relatou: "Senti como se nós fôssemos parceiros". Arão começou a mentir, roubar e manipular sua família e amigos. Ele também teve pesadelos: "Certa manhã acordei e vi o diabo ao pé da cama. Ele me disse que eu passaria nas provas escolares e depois morreria. No entanto, quando terminei meus exames, continuei vivo". E concluiu: "Ficou claro para mim que ele era um mentiroso".

Na esperança de conhecer garotas, Arão foi a um festival cristão, no qual um homem se ofereceu para orar por ele. "Enquanto ele orava, senti uma sensação de paz inundar meu corpo. Era algo mais poderoso e mais libertador do que o que sentira ao invocar Satanás". O homem que orou disse-lhe que Deus tinha um plano e que Satanás era um mentiroso. Esse homem confirmou o que Jesus dissera sobre Satanás ao responder a seus opositores: ele "é mentiroso e pai da mentira" (v.44).

Arão saiu do satanismo e voltou-se para Cristo e agora "pertence a Deus" (v.47). Ele ministra em uma comunidade urbana e compartilha a diferença que faz seguir o Mestre Jesus. Ele é um testemunho do poder salvador de Deus: "Posso dizer com confiança que Deus salvou minha vida".

Deus é a fonte de tudo o que é bom, sagrado e verdadeiro. Podemos nos voltar a Ele para encontrar a verdade. *ABP*

Deus já o resgatou do mal?
Com quem você pode compartilhar sua história nesta semana?

Deus é mais poderoso do que o pai da mentira.

DIA **48**

UMA ORAÇÃO DE PERDÃO

Leitura: Lucas 6:27-36

...amem os seus inimigos [...] abençoem quem os amaldiçoa, orem por quem os maltratam. vv.27,28

Em 1960, Ruby Bridges, de 6 anos, foi a primeira afro-americana a frequentar uma escola pública só para brancos no sul dos EUA. Durante meses, policiais federais escoltaram Ruby todos os dias ao passar pelos pais raivosos que gritavam maldições, ameaças e insultos. Lá dentro, ela sentava-se na sala com a professora Barbara Henry, a única disposta a dar-lhe aulas, enquanto outros pais não deixavam seus filhos frequentarem a escola com Ruby.

O conhecido psicólogo infantil Robert Coles acompanhou Ruby durante meses para ajudá-la a lidar com o medo e o estresse. Ele surpreendeu-se com a oração que Ruby fazia todos os dias ao ir e voltar da escola. Por favor, "Pai, perdoa-lhes, pois não sabem o que fazem" (LUCAS 23:34).

Essas palavras de Jesus na cruz eram mais fortes do que o ódio e os insultos contra Ele. Nas horas mais agonizantes da Sua vida, o nosso Senhor demonstrou a reação radical que ensinou aos Seus seguidores: "...amem os seus inimigos, façam o bem a quem os odeia; abençoem quem os amaldiçoa, orem por quem os maltratam [...]. Sejam misericordiosos, assim como seu Pai é misericordioso" (6:27,28,36).

Esta postura só é possível ao considerarmos o poderoso amor que Jesus nos concedeu — amor mais forte do que o mais profundo ódio. Ruby Bridges ajudou a nos mostrar o caminho. *DCM*

Pai, tão graciosamente nos perdoaste.
Ajuda-nos hoje a perdoar quem nos fez mal.

Abençoe a quem o amaldiçoa, e ore por quem o maltrata.

DIA 49

VIRAR E REVIRAR

Leitura: Salmo 4

Em paz me deitarei e dormirei, pois somente tu, Senhor, me guardas em segurança. v.8

O que o faz ficar acordado à noite? Ultimamente, perco o sono, revirando-me na cama, tentando descobrir a solução para um problema. Por fim, preocupo-me por não descansar o suficiente para encarar os desafios do dia seguinte.

Parece familiar? Relações complicadas, futuro incerto, seja o que for, todos nós nos entregamos à preocupação num momento ou outro.

O rei Davi estava visivelmente aflito ao escrever o Salmo 4. A reputação dele estava sendo arruinada com acusações infundadas (v.2). Alguns questionavam a sua competência para governar (v.6). Talvez Davi sentisse raiva pelo tratamento tão injusto. Com certeza, ele poderia ter passado noites remoendo isso. No entanto, lemos essas belas palavras: "Em paz me deitarei e dormirei" (v.8).

Charles Spurgeon explica bem esse texto ao escrever: "Deitando-se... [Davi] entregou-se totalmente às mãos de outro; e na ausência de todo cuidado, ele dormia; havia ali perfeita confiança". O que inspirou tal confiança? Desde o início, Davi confiava que Deus responderia as suas orações (v.3). E tinha a certeza de que, como Deus escolhera amá-lo, amorosamente supriria as suas necessidades.

Que Deus nos ajude a descansar em Seu poder e presença, quando as preocupações nos ameaçam. Em Seus braços soberanos e amorosos, podemos "deitar e dormir". *PFC*

Pai, obrigado por me ouvires quando clamo a ti.
Entrego-te minhas preocupações
e descanso em Teu poder e presença.

Podemos entregar as nossas inquietações a Deus, pois Ele é totalmente confiável.

DIA **50**

TESTEMUNHANDO O AMOR DE DEUS

Leitura: Romanos 12:9-18

...ajudem com prontidão. Estejam sempre dispostos a praticar a hospitalidade. v.13

Meu marido saiu para uma viagem de um mês e, quase imediatamente, senti-me sobrecarregada com o meu trabalho, a casa e nossos filhos. O prazo para entregar um artigo. O cortador de grama quebrado. Meus filhos em férias e entediados. Como cuidaria de tudo sozinha?

Logo percebi que não estava só. Amigos da igreja vieram ajudar. Josué consertou o cortador de grama. João trouxe o almoço. Cássia me ajudou com as roupas. Ana levou meus filhos para brincar com os dela para que eu pudesse trabalhar. Deus agiu através de cada um desses amigos para me ajudar. Foram um retrato vivo do tipo de comunidade que Paulo descreve em Romanos 12. Eles amaram sinceramente (v.9), pensaram nas necessidades dos outros ao invés de somente nas próprias (v.10), compartilharam comigo quando precisei e demonstraram hospitalidade (v.13).

Por causa do amor que meus amigos demonstraram por mim, fiquei alegre "na esperança" e paciente "nas dificuldades" (v.12) mesmo em meio à aflição de fazer o papel de pai e mãe durante um mês. Meus irmãos em Cristo se tornaram o que um amigo chama de "cuidado de Deus por mim". Eles me mostraram o tipo de amor sincero que devemos demonstrar a todos, especialmente àqueles em nossa comunidade da fé (GÁLATAS 6:10). Espero ser mais parecida com eles.

ALP

Deus, obrigado por nos colocares em comunidades.
Ajuda-me a cuidar das necessidades dos outros
e a demonstrar hospitalidade.

Para quem, hoje, preciso ser "o cuidado de Deus"?

DIA **51**

PARE

Leitura: Salmo 46

Aquietem-se e saibam que eu sou Deus!... v.10

Minha amiga e eu nos sentamos na areia, à beira do bem-ritmado oceano. Conforme o sol se punha lá longe, uma onda atrás da outra se formava e então quebrava em direção aos nossos pés, parando cada vez mais próxima. "Amo o oceano", ela sorriu. "Ele se move, então eu não preciso mover-me."

Que pensamento! Tantos de nós lutamos para parar. Fazemos, fazemos, fazemos e vamos, vamos, vamos, de alguma forma temendo que, se cessarmos nossos esforços, deixaremos de existir. Ou que, ao pararmos, nos exporemos às realidades sempre presentes que batalhamos para manter distantes.

No Salmo 46:8,9, Deus flexiona os Seus onipotentes músculos, colocando Seu poder à mostra. "Vinde, contemplai as obras do Senhor, [...] Ele põe termo à guerra até aos confins do mundo, quebra o arco e despedaça a lança; queima os carros no fogo". Nosso Deus é um Deus ocupado, que age para criar calma em meio ao caos de nossos dias.

E, então, no versículo 10, lemos: "Aquietem-se e saibam que eu sou Deus!..."

É claro que é possível conhecer a Deus enquanto corremos de um lado para o outro. Mas o convite do salmista a cessar as lutas nos acena a um tipo diferente de conhecimento. Saber que podemos parar e continuar a ser porque Deus nunca para. E saber que é o poder de Deus que nos dá real valor, proteção e paz. *ELM*

Querido Deus, ajuda-me a encontrar o meu descanso em ti.

Descansamos bem quando estamos nos amorosos braços e na perfeita vontade de Deus.

DIA **52**

DERRUBANDO OS PINOS

Leitura: Eclesiastes 1:3-11

A história [...] se repete. O que foi feito antes será feito outra vez. Nada debaixo do sol é realmente novo. v.9

Fiquei intrigada quando notei a tatuagem dos pinos de boliche no tornozelo da minha amiga. A música *"Setting Up the Pins"* (Organizando os pinos) de Sara Groves a inspirou para fazer essa tatuagem. A canção encoraja a alegrar-se com as tarefas rotineiras e repetitivas que às vezes parecem tão inúteis quanto arrumar manualmente os pinos de boliche, apenas para alguém vir derrubá-los.

Lavar. Cozinhar. Cortar a grama. A vida parece cheia de tarefas que, uma vez concluídas, precisam ser refeitas. Não é uma luta nova, mas uma frustração antiga, registrada no livro de Eclesiastes. O livro começa com o escritor reclamando sobre os intermináveis ciclos da vida humana como fúteis (vv.2,3), sem sentido, pois "O que foi feito antes será feito outra vez" (v.9).

No entanto, o escritor foi capaz de recuperar o sentimento de alegria e significado, lembrando-nos que a nossa realização final vem de como reverenciamos a Deus e "obedecemos aos Seus mandamentos" (12:13). Confortamo-nos em saber que Deus valoriza até mesmo os aspectos comuns e aparentemente mundanos da vida e recompensará a nossa fidelidade (v.14).

Quais são os "pinos" que você está posicionando continuamente? Nos momentos em que as tarefas repetitivas começam a parecer cansativas, que tenhamos um momento para oferecê-las como oferta de amor a Deus.   LMS

Você pode fazer uma tarefa diferente hoje sabendo que Deus a valoriza?

Pai, obrigado por valorizares as rotinas comuns da vida. Ajuda-nos a nos alegrarmos nelas diariamente.

DIA **53**

UMA RECEPÇÃO CALOROSA

Leitura: 1 Pedro 4:7-11

Abram sua casa de bom grado para os que necessitam de um lugar para se hospedar. v.9

Quem vai abraçar todo mundo? Essa foi uma das perguntas que o nosso amigo Estêvão fez depois que recebeu a notícia de que tinha câncer e percebeu que ficaria longe da igreja por um tempo. Estêvão é o tipo de pessoa que faz todo mundo sentir-se bem-vindo — com uma saudação amigável, um caloroso aperto de mãos e até um "abraço santo" em alguns — adaptando a colocação de Romanos 16:16, que diz: "Saúdem uns aos outros com beijo santo".

E agora, enquanto oramos para que Deus cure o nosso amigo, ele está preocupado que, durante o tempo da cirurgia e do tratamento — e longe da igreja local por um tempo, sentiremos falta daquelas recepções calorosas.

Talvez nem todos sejamos talhados para saudar os outros tão calorosamente como ele o faz, mas o seu exemplo de cuidado é um bom lembrete a nós. Lemos na Bíblia para abrirmos nossa "casa de bom grado para os que necessitam de um lugar para se hospedar" ou de forma centrada no amor (1 PEDRO 4:9; FILIPENSES 2:14). A hospitalidade no primeiro século incluía oferecer acomodações aos viajantes — e até isso sempre começa com uma saudação calorosa.

Ao interagirmos com os outros em amor, seja com um abraço ou apenas com um sorriso amigável, isso "...trará glória a Deus por meio de Jesus Cristo..." (v.11). JDB

*Senhor, ajuda-nos a representar-te perante os outros.
Guia-nos a demonstrar hospitalidade
de forma que mostre aos outros o Teu amor.*

Quando praticamos a hospitalidade, compartilhamos a bondade de Deus.

DIA **54**

CONSELHO DE MEU PAI

Leitura: Provérbios 3:1-7

Confie no SENHOR de todo o coração; não dependa de seu próprio entendimento. v.5

Fui demitida e orei a Deus pedindo ajuda para encontrar um novo emprego. Porém, quando as semanas passaram e nada surgiu de minhas tentativas entre conhecidos e dos envios de currículos, comecei a torcer o nariz. "O Senhor não sabe como é importante eu ter um emprego?", perguntei a Deus, cruzando os braços em protesto pela oração aparentemente sem resposta.

Meu pai sempre me lembrava de que eu devia crer nas promessas de Deus. E, quando falei sobre a minha situação, ele me disse: "Quero que chegue ao ponto de acreditar no que Deus diz".

O conselho de meu pai me lembra dos sábios conselhos de um pai a um filho amado em Provérbios 3. Essa passagem estava relacionada especialmente à minha situação: "Confie no SENHOR de todo o coração; não dependa de seu próprio entendimento. Busque a vontade dele em tudo que fizer, e ele lhe mostrará o caminho que deve seguir" (vv.5,6). "Mostrará o caminho" significa que Deus nos guiará segundo Seu objetivo para nosso crescimento. Seu objetivo principal é que eu me torne mais semelhante a Ele.

Isso não garante que os caminhos que Ele mostrar serão fáceis. Mas posso escolher confiar que a Sua direção e o Seu tempo são, principalmente, para o meu bem.

Você está esperando por uma resposta de Deus? Escolha aproximar-se dele e confiar que Ele o guiará. *LMW*

*Senhor, obrigado por nos guiares
e cuidares de nós em cada passo do caminho.
Ajuda-nos a confiar em ti diariamente.*

O Seu Pai do céu sabe o que é melhor para você.

DIA **55**

ACALMANDO A CRÍTICA

Leitura: Neemias 4:1-6

Então orei: "Ouve-nos, nosso Deus, pois estamos sendo ridicularizados...". v.4

Participo de uma equipe que realiza um evento anual. Durante 11 meses, revemos detalhes: escolhemos data, local; fixamos o valor do ingresso; selecionamos desde vendedores de alimentos a técnicos de som. Com a proximidade do evento, respondemos as perguntas da comunidade e damos orientações. Depois, coletamos opiniões. Algumas boas, outras difíceis de ouvir. Recebemos elogios e reclamações. As reações negativas podem ser desanimadoras e, às vezes, nos tentam a desistir.

Neemias também recebeu críticas durante a reconstrução dos muros de Jerusalém. Zombaram dele e de sua equipe, dizendo: "Basta uma raposa subir lá, e esse muro de pedra desaba" (v.3). As reações dele às críticas ajudam-me a lidar com a minha situação: em vez de ele sentir-se abatido ou refutar os comentários, orou a Deus. Em vez de rebater as críticas, buscou a Deus. Não lhes respondeu diretamente, mas pediu a Deus que ouvisse como o Seu povo estava sendo tratado e o defendesse (v.4). Após confiar suas preocupações a Deus, eles continuaram a reconstruir o muro "com entusiasmo" (v.6).

Podemos aprender com Neemias a não nos distrairmos com a crítica ao nosso trabalho. Ao sermos criticados ou ridicularizados, em vez de reagirmos com mágoa ou raiva, peçamos a Deus que nos defenda do desânimo, de modo a continuarmos a trabalhar com entusiasmo.

KHH

*Senhor, ajuda-me a avaliar as críticas,
a confiar em ti e a continuar meu trabalho com entusiasmo.*

Deus é a nossa melhor defesa contra a crítica.

DIA **56**

AMIZADE COM JESUS

Leitura: Filipenses 3:7-14

...todas as outras coisas são insignificantes comparadas ao ganho inestimável de conhecer a Cristo... v.8

Jamais esquecerei o dia em que tive o privilégio de me sentar próximo a Billy Graham em um jantar. Sentia-me honrado, mas, de certa forma, nervoso sobre o que deveria dizer. Achei que seria um quebra-gelo interessante perguntar o que ele mais amava sobre os seus anos de ministério. Então, estranhamente comecei a sugerir respostas possíveis. Seria conhecer presidentes, reis e rainhas? Ou pregar o evangelho a milhões de pessoas pelo mundo?

Antes que eu pudesse terminar, Rev. Graham me deteve. Sem hesitação, disse: "A minha maior alegria é ter comunhão com Jesus, sentir a Sua presença, aprender a Sua sabedoria e receber Sua orientação e direção". Instantaneamente senti-me culpado e desafiado. Culpado porque não tenho certeza de que a resposta dele teria sido a minha e desafiado porque gostaria que fosse.

Era isso que Paulo tinha em mente quando relatou que suas grandes realizações não tinham qualquer valor comparadas "...ao ganho inestimável de conhecer a Cristo Jesus..." (v.8). Pense em quão rica seria a vida se Jesus e nossa amizade com Ele fosse a nossa maior busca. *JMS*

Senhor, perdoa-me por correr atrás de coisas que importam bem menos do que a minha amizade contigo. Obrigado por estares pronto a enriquecer a minha vida com a Tua presença e poder.

Para permanecer fiel onde Deus o colocou, coloque Cristo em primeiro lugar em seu coração.

DIA **57**

CONSOLO DE UM AMIGO

Leitura: Jó 2:7-13

Não disseram nada, pois viram que o sofrimento de Jó era grande demais. v.13

Li sobre uma mãe que ficou surpresa ao ver a filha chegar da escola enlameada da cintura para baixo. A menina explicou que uma amiga tinha escorregado e caído em uma poça de lama. Enquanto outra colega correu para buscar ajuda, a garota ficou com pena da amiga sozinha segurando a perna machucada e resolveu sentar-se na poça de lama com a menina até que um professor chegasse.

Quando Jó experimentou a perda devastadora de seus filhos e foi afetado por dolorosas feridas em todo o corpo, o sofrimento foi monstruoso. A Bíblia relata que três de seus amigos queriam consolá-lo. "Quando viram Jó de longe, mal o reconheceram. Choraram alto, rasgaram seus mantos e jogaram terra ao ar, sobre a cabeça. Depois, sentaram-se no chão com ele durante sete dias e sete noites. Não disseram nada, pois viram que o sofrimento de Jó era grande demais" (vv.12,13).

No início, os amigos de Jó demonstraram compreensão. Perceberam que Jó precisava simplesmente de alguém para sentar-se ao lado dele e chorar. Os três homens começam a falar nos capítulos seguintes. A ironia é que, ao falarem, deram maus conselhos a Jó (16:1-4).

Com frequência, o melhor que podemos fazer para consolar um amigo é permanecer ao seu lado em seus sofrimentos. LMS

Pai celeste, ajuda-me a ser um bom amigo aos que sofrem. Obrigado pela Tua promessa de estar perto de quem sofre e trazer encorajamento através de Teu Santo Espírito.

A presença de um amigo em meio ao sofrimento traz grande consolo.

DIA **58**

DAR GRAÇAS

Leitura: Colossenses 3:12-17

E tudo que fizerem ou disserem, façam em nome do Senhor Jesus, dando graças a Deus, o Pai, por meio dele. v.17

Há muitos anos, gosto dos escritos do autor britânico G. K. Chesterton. Seu humor e observações normalmente me fazem rir e, na sequência, parar para refletir mais seriamente. Por exemplo, ele escreveu: "Você dá graças antes das refeições. Tudo bem. Mas eu dou graças antes da peça e da ópera, antes do concerto e da comédia, agradeço antes de abrir um livro, e antes de rascunhar, pintar, nadar, consertar a cerca, lutar boxe, tocar, dançar; e dou graças antes de mergulhar a caneta no tinteiro".

É bom agradecermos ao Senhor por cada refeição, mas não deveria ficar só nisso. O apóstolo Paulo via cada atividade, cada esforço como algo pelo qual devemos agradecer a Deus e que deve ser feito para Sua glória. "E tudo que fizerem ou disserem, façam em nome do Senhor Jesus, dando graças a Deus, o Pai, por meio dele" (v.17). Recreação, trabalho e educação são oportunidades nas quais podemos honrar ao Senhor e expressar-lhe a nossa gratidão.

Paulo também encorajou os cristãos em Colossos: "Permitam que a paz de Cristo governe o seu coração, pois, como membros do mesmo corpo, vocês são chamados a viver em paz. E sejam sempre agradecidos " (v.15).

O melhor lugar para "dar graças" é em qualquer lugar e a qualquer momento em que quisermos agradecer ao Senhor e honrá-lo.

DCM

Obrigado pelo Teu presente da vida eterna.
Que possamos reconhecer-te
e honrar-te ao longo de todo este dia.

Em tudo o que fizermos ou dissermos,
vamos dar graças a Deus e honrá-lo.

DIA **59**

RETRATOS DE AMOR

Leitura: 2 João 1:1-6

Agora, senhora, peço-lhe que amemos uns aos outros. Não se trata de um novo mandamento; nós o temos desde o princípio. v.5

Meus filhos e eu começamos uma nova rotina. Todas as noites, antes de dormir, juntamos os lápis de cor e acendemos uma vela. Pedimos a Deus que nos ilumine, abrimos nossos diários e desenhamos ou escrevemos respostas a duas perguntas: "Quando demonstrei amor hoje?", e "Quando eu recusei amor hoje?".

Amar nosso próximo tem sido uma parte importante da vida cristã "desde o princípio" (v.5). É o que João escreve em sua segunda carta, pedindo que as pessoas amassem uns aos outros em obediência a Deus (vv.5,6). O amor é um dos assuntos favoritos das cartas dele. João afirma que praticar o amor verdadeiro é uma forma de saber que "...pertencemos à verdade", que estamos vivendo na presença de Deus (1 JOÃO 3:18,19). Quando meus filhos e eu refletimos sobre isso, descobrimos que o amor toma a forma de atos simples da vida: compartilhar um guarda-chuva, animar alguém triste ou fazer uma comida. Os momentos em que recusamos amor são igualmente práticos: fofocamos, recusamo-nos a compartilhar ou satisfazemos nossos próprios desejos sem pensar nas necessidades dos outros.

Prestar atenção a cada noite nos ajuda a ter mais consciência a cada dia, a estar mais sintonizados no que o Espírito pode nos mostrar em nossa caminhada diária. Com a ajuda do Espírito Santo, estamos aprendendo a andar em amor (2 JOÃO 1:6). *ALP*

*Senhor, ensina-nos a sermos obedientes
ao Teu mandamento para amarmos uns aos outros.*

Como posso demonstrar amor hoje?

DIA **60**

CADA HISTÓRIA SUSSURRA O SEU NOME

Leitura: Lucas 24:17-27

Então Jesus os conduziu por todos os escritos de Moisés e dos profetas, explicando o que as Escrituras diziam a respeito dele. v.27

Abri a Bíblia Ilustrada das crianças e comecei a ler para o meu neto. Ficamos encantados com a história do amor e provisão de Deus derramada em prosa. Marcando a página, virei e li o título mais uma vez: *A Bíblia das histórias de Jesus: Cada história sussurra o Seu nome.*

Cada história sussurra o Seu nome.

Para ser honesta, a Bíblia, especialmente o Antigo Testamento, é difícil de compreender. Por que os que não conhecem a Deus parecem triunfar sobre os filhos de Deus? Como Ele pode permitir tal crueldade quando sabemos que o Seu caráter é puro e que os propósitos de Deus são para o nosso bem?

Após Sua ressurreição, Jesus encontrou dois discípulos na estrada para Emaús que não o reconheceram e lutavam com a decepção pela morte de seu Messias (LUCAS 24:19-24). Eles tinham "esperança de que ele fosse aquele que resgataria Israel..." (v.21). Lucas registra como Cristo os tranquilizou: "Jesus os conduziu por todos os escritos de Moisés e dos profetas, explicando o que as Escrituras diziam a respeito dele" (v.27).

Cada história sussurra o Seu nome, até mesmo as difíceis, pois revelam a total fragilidade do mundo e nossa necessidade de um Salvador. Toda ação, acontecimento, e intervenção aponta à redenção que Deus preparou aos Seus teimosos entes queridos: trazer-nos de volta a Ele. *ELM*

Como o resgate de Deus age em sua vida? Quais histórias o incomodam hoje? Você consegue ver Deus agindo?

Deus, ajuda-me a ouvir-te enquanto sussurras o Teu nome em cada história das Escrituras.

DIA 61

BELEZA ESCONDIDA

Leitura: 1 Samuel 16:1-7

...As pessoas julgam pela aparência exterior, mas o SENHOR, olha para o coração. v.7

Precisei persuadir meus filhos a acreditar que valia a pena colocar o equipamento de mergulho e espiar o fundo do mar. Porém, depois do mergulho, eles emergiram extasiados: "Há milhares de peixes de todos os tipos! É lindo! Nunca vimos peixes tão coloridos!".

Como a água parecia com a dos lagos que temos perto de casa, se eles não tivessem mergulhado, teriam perdido a beleza escondida sob aquela superfície.

Quando o profeta Samuel foi a Belém ungir um dos filhos de Jessé como próximo rei, ele viu o mais velho, Eliabe, e impressionou-se com a sua aparência. Ele pensou que já havia encontrado o homem certo, mas o Senhor rejeitou Eliabe. Deus lembrou a Samuel que "O SENHOR não vê as coisas como o ser humano as vê. As pessoas julgam pela aparência exterior, mas o SENHOR olha para o coração" (v.7).

Samuel, então, perguntou se havia mais filhos. Davi, o mais novo, não estava no local, pois cuidava das ovelhas. Ele foi chamado e o Senhor ordenou que Samuel o ungisse.

Com frequência, olhamos às pessoas apenas superficialmente e nem sempre temos a calma de ver sua beleza interior, às vezes escondida. Nem sempre valorizamos o que Deus valoriza. Mas se tivermos tempo para espiar abaixo da superfície, poderemos encontrar um grande tesouro.

LMS

Pai celeste, obrigado por nos valorizares com base no que somos interiormente.
Dispõe-me a ver além do que meus olhos são capazes, e a descobrir a beleza verdadeira e duradoura.

Deus pode nos ajudar a ver a beleza interior nos outros.

DIA **62**

DECLARAÇÃO DE DEPENDÊNCIA

Leitura: João 5:16-23

...Pois, sem mim, vocês não podem fazer coisa alguma. 15:5

A mãe de Laura estava lutando contra o câncer, e certa manhã, Laura orou por ela com uma amiga que há anos era incapacitada por paralisia cerebral. Essa amiga orou: "Senhor, fazes tudo por mim. Por favor, faz tudo pela mãe da Laura".

Laura ficou profundamente tocada por essa "declaração de dependência" da sua amiga. Ao refletir sobre isso, disse: "Com que frequência reconheço a minha necessidade de Deus em tudo? Deveria fazer isso todos os dias!".

Durante Seus dias na Terra, Jesus demonstrou contínua dependência de Seu Pai. Pode-se achar que Jesus, por ser Deus em um corpo humano, teria todos os motivos para ser autossuficiente. Mas quando as autoridades religiosas lhe pediram uma razão por "trabalhar" no dia de descanso, por ter curado alguém num Sábado, Jesus respondeu: "...Eu lhes digo a verdade: o Filho não pode fazer coisa alguma por sua própria conta. Ele faz apenas o que vê o Pai fazer..." (v.19). Jesus também declarou Sua dependência!

A dependência de Jesus do Pai estabelece o maior exemplo do que significa viver em comunhão com Deus. Cada respiração é um presente de Deus, e Ele deseja que a nossa vida seja repleta de Sua força. Quando vivemos para amar e servir o Senhor através de nossa contínua oração e confiança em Sua Palavra, declaramos nossa dependência nele.

JBB

Senhor, preciso de ti. Ajuda-me a viver para servir-te.
Louvo-te por seres meu Salvador e minha força!

A oração é a nossa declaração de dependência de Deus.

DIA **63**

MUITOS DONS, UM PROPÓSITO

Leitura: 1 Coríntios 12:4-14

O corpo humano tem muitas partes, mas elas formam um só corpo. O mesmo acontece com relação a Cristo. v.12

No México, meu país natal, o milho é o alimento básico. Há muitos tipos diferentes: espigas amarelas, marrons, vermelhas e pretas, e até algumas com lindos padrões salpicados. Mas, nas cidades, as pessoas normalmente não comem as espigas *manchadas*. Amado Ramírez, chef e pesquisador explica que as pessoas acreditam que a uniformidade é sinônimo de qualidade. Ainda assim, as espigas manchadas são saborosas e fazem ótimas tortilhas.

A Igreja de Cristo assemelha-se mais a uma espiga de milho de cores diversas, do que aquela de cor única. Paulo usou a imagem de um corpo para descrevê-la porque, embora sejamos um só Corpo, e tenhamos o mesmo Deus, cada um recebeu um dom diferente. Ele escreveu: "Existem tipos diferentes de serviço, mas o Senhor a quem servimos é o mesmo. Deus trabalha de maneiras diferentes, mas é o mesmo Deus que opera em todos nós" (vv.5,6). A diversidade de formas como ajudamos uns aos outros demonstra a generosidade e a criatividade de Deus.

Ao embraçarmos nossa diversidade, vamos nos esforçar para manter nossa unidade em fé e propósito. Sim, temos habilidades e experiências distintas, falamos idiomas diferentes e viemos de países diversos. Mas temos o mesmo Deus maravilhoso, o Criador que se deleita com tamanha variedade. KOH

Pai, que possamos fazer todos os esforços para sermos um,
respeitando e valorizando uns aos outros,
bem como os nossos variados dons e talentos.

Precisamos uns dos outros
para ser o que Deus quer que sejamos.

DIA **64**

SOSSEGA, MINHA ALMA!

Leitura: Salmo 131

...acalmei e aquietei a alma... v.2

Imagine um pai inclinando-se com amor sobre o filho, dedo indicador tocando o nariz e os lábios, dizendo gentilmente: "*shhhh*." A atitude e as palavras simples confortam e aquietam os pequenos em meio à decepção, desconforto ou dor. As cenas como essa são universais e atemporais, e a maioria de nós já esteve nessa situação: como pai ou filho. Essa é a imagem que vem à minha mente quando reflito sobre o Salmo 131:2.

A linguagem e a fluidez deste salmo sugerem que Davi, o seu autor, tenha vivenciado algo que lhe provocou séria reflexão. Você já experimentou um desapontamento, derrota ou fracasso que provocou uma oração profunda e reflexiva? O que você faz ao ser humilhado pelas circunstâncias da vida? E o que faz quando fracassa em um teste, perde o emprego ou vivencia o fim de um relacionamento? Davi derramou o seu coração ao Senhor e, no processo, fez um honesto exame de consciência (v.1). Ao fazer as pazes com a sua situação, encontrou o contentamento como o de uma criança que se satisfaz simplesmente em estar ao lado de sua mãe (v.2).

As circunstâncias da vida mudam e, às vezes, somos humilhados. Ainda assim, podemos ter esperança e contentamento sabendo que há alguém que prometeu nunca nos deixar ou abandonar. Podemos confiar totalmente no Senhor. ALJ

Pai, ajuda-me a não ficar ansioso
com as mudanças em minha vida, e a confiar e encontrar
o contentamento apenas em ti.

Somente em Cristo encontramos o verdadeiro contentamento.

DIA **65**

SEM FUGIR MAIS

Leitura: Jonas 2:1-10

Em minha angústia, clamei ao SENHOR, e ele me respondeu. Gritei da terra dos mortos, e tu me ouviste. v.2

Em 18 de julho de 1983, um capitão da Força Aérea dos EUA desapareceu no Novo México, sem deixar vestígios. As autoridades o encontraram na Califórnia 35 anos depois. Um jornal relatou que, "deprimido com o seu trabalho", ele simplesmente fugiu.

Ele fugiu por 35 anos! Passou a metade da vida ansioso pelo que os outros poderiam lhe fazer! A ansiedade e a paranoia o acompanhavam constantemente.

Mas tenho que admitir, também sei um pouco sobre "fugas". Não, eu nunca fugi fisicamente de algo na minha vida. Entretanto, às vezes sei que há algo que Deus quer que eu faça, algo que preciso enfrentar ou confessar. Não quero fazer, e, ao meu modo, fujo também.

Jonas foi infame por literalmente fugir da ordem de Deus para que pregasse à cidade de Nínive (JONAS 1:1-3). Mas, claro, ele não pôde deixar Deus para trás. Você provavelmente já ouviu o que aconteceu (vv.4,17): uma tempestade. Um peixe. Um estômago. E, no ventre do animal aquático, uma avaliação, na qual Jonas enfrentou o que havia feito e clamou por ajuda de Deus (2:2).

Jonas não era um profeta perfeito. Mas a sua notável história me conforta, pois, apesar da sua teimosia, Deus nunca desistiu dele. O Senhor ainda respondeu à sua oração desesperada, restaurando o seu relutante servo (v.2) — exatamente como Ele faz conosco.
ARH

Você já tentou fugir de algo? De que maneira você pode crescer ao entregar a Deus as pressões que o dominam?

Senhor, ajuda-me em minhas dificuldades. Sei que sempre ouves o meu pranto, não importa o que houver.

DIA **66**

ESTRANGEIROS ACOLHENDO ESTRANGEIROS

Leitura: Levítico 19:1-9,33,34

...amem-nos como a si mesmos. Lembrem-se de que vocês eram estrangeiros [...] na terra do Egito... vv.33,34

Quando meu marido e eu nos mudamos para ficar perto da irmã dele, não sabíamos onde iríamos morar ou trabalhar. Uma igreja local nos ajudou a achar uma casa contendo muitos quartos para alugar. Poderíamos morar em um e alugar os outros para estudantes estrangeiros. Nos anos seguintes, éramos estrangeiros acolhendo estrangeiros: compartilhávamos a nossa casa e refeições com pessoas de todas as partes do mundo. E recebíamos dezenas de estudantes todas as noites de sexta-feira, para estudos bíblicos.

O povo de Deus sabe o que significa estar longe de casa. Por séculos, os israelitas foram estrangeiros e escravos, no Egito. Em Levítico 19, além de orientações como: respeitem aos pais e não roubem (vv.3,11), Deus os relembra a cuidar com empatia os estrangeiros, pois eles já sabiam o que significa ser estrangeiro e sentir medo (vv.33,34).

Embora nem todos nós, cristãos, tenhamos vivido o exílio literal, somos "estrangeiros" na Terra (1 PEDRO 2:11) — somos forasteiros porque nossa lealdade é com o reino celeste. Somos chamados a criar uma comunidade hospitaleira — estrangeiros acolhendo estrangeiros na família de Deus. A hospitalidade que experimentamos nos ensinou a estender isso aos outros — e isso é a base de *ser* a família de Deus (ROMANOS 12:13). ALP

Deus, obrigado por nos acolheres em Tua família
e na comunidade da fé.
Dá-nos corações e lares que também sejam acolhedores.

Abram sua casa de bom grado para os que necessitam de um lugar para se hospedar. 1 PEDRO 4:9

DIA **67**

UMA ÂNCORA EM MEIO AOS TEMORES

Leitura: Isaías 51:12-16

Sim, sou eu quem os consola... v.12

Você é alguém que se preocupa? Eu sou, e luto com a ansiedade quase diariamente. Preocupo-me com coisas grandes, pequenas; e às vezes parece que com tudo. Na adolescência, chamei a polícia quando os meus *pais* se atrasaram por 4 horas.

As Escrituras repetidamente dizem para não temermos. Por causa da bondade e poder de Deus, e por Ele ter enviado Jesus para morrer por nós e Seu Santo Espírito para nos guiar, os temores não devem dirigir a nossa vida. Deus prometeu estar conosco em meio a todas as circunstâncias.

O texto em Isaías 51:12-16 tem me ajudado muito. Deus lembrou ao Seu povo, que tinha enfrentado sofrimento tremendo, que Ele ainda estava com eles, e que Sua presença consoladora é a verdade principal. Não importa o quão ruins as coisas possam parecer: "Sim, sou eu quem os consola..." o Senhor disse através do profeta (v.12).

Amo essa promessa. Essas palavras têm sido âncora emocional para minha alma. Agarro-me a ela sempre que a vida parece esmagadora, quando meu "medo de opressores humanos" (v.13) é aterrador. Através deste texto, Deus me lembra de tirar o olhar de meus temores e, em fé e dependência, olhar para Aquele que "estendeu os céus" (v.13), e que promete nos consolar. ARH

*Senhor, às vezes as lutas parecem enormes,
porém, tu és maior. Ajuda-nos a nos firmarmos
em Tua promessa de consolo, e a experimentarmos
a Tua provisão quando confiamos em ti.*

A presença consoladora de Deus é mais poderosa do que os nossos medos.

DESFILE DA VITÓRIA

Leitura: 2 Coríntios 2:14-17

Mas graças a Deus, que, em Cristo, sempre nos conduz triunfantemente. v.14

Em 2016, quando o *Chicago Cubs* venceu o campeonato pela primeira vez em 108 anos, algumas fontes afirmam que 5 milhões de pessoas comemoraram nas ruas.

Os desfiles não são invenções modernas. O Triunfo Romano foi um antigo e famoso desfile, no qual generais vitoriosos lideravam seus exércitos e cativos em procissão por ruas lotadas.

Talvez Paulo tenha pensado nisso quando agradeceu a Deus por liderar os cristãos "que, em Cristo, sempre [são conduzidos] triunfantemente " (v.14). Acho fascinante que nessa imagem, os seguidores de Cristo são "conduzidos". Como cristãos não somos obrigados a participar; porém somos voluntariamente "conduzidos" a participar do desfile liderado pelo vitorioso Cristo ressuscitado. Como seguidores de Jesus, celebramos que, por Sua vitória, Cristo está construindo o Seu reino "e as forças da morte não [o] conquistarão" (MATEUS 16:18).

Ao falarmos sobre a vitória de Jesus na cruz e a liberdade que Ele concede aos cristãos, ajudamos a espalhá-la "por toda parte, como um doce perfume" (v.14). Quer esse aroma seja visto como a agradável garantia da salvação ou o odor de sua derrota, essa invisível e poderosa fragrância está presente em todos os lugares por onde formos.

Ao seguirmos a Cristo, declaramos que a Sua ressurreição e vitória trazem a salvação ao mundo. *LMS*

O que a vitória de Jesus na cruz significa para você?
Como você vivencia o poder da Sua ressurreição?

Jesus é o nosso Rei vitorioso.

DIA **69**

QUAL É A SUA PAIXÃO?

Leitura: Salmo 20:6-9

Alguns povos confiam em carros de guerra, outros, em cavalos, mas nós confiamos no nome do SENHOR... v.7

O **caixa de** um banco tem em sua cabine de vidro a foto de um automóvel conversível de alta performance da década de 60.

Certo dia, durante uma transação bancária, perguntei-lhe se era o carro dele. —Não, mas é a minha paixão, minha razão de levantar todas as manhãs e vir trabalhar. Um dia terei um desses, ele respondeu.

Entendo a paixão desse jovem. Um amigo meu tinha um conversível igual, e eu o dirigi uma vez! Que máquina! Mas um carro, assim como tudo neste mundo, não vale uma vida. Os que confiam em coisas, e não em Deus "perdem as forças e caem", diz o salmista (v.8).

Isso porque fomos feitos para Deus e nada mais tem valor — uma verdade que validamos em nossa experiência diária. Compramos isso ou aquilo porque achamos que essas coisas nos deixarão felizes, porém, como uma criança que ganha uma dúzia, ou mais, de presentes no Natal, nos perguntamos: "É só isso?". Sempre está faltando algo.

Nada que este mundo tenha a nos oferecer — mesmo coisas muito boas — nos satisfazem completamente. Temos certa alegria nelas, mas nossa felicidade logo se esvai (1 JOÃO 2:17). "Deus não pode nos dar alegria e paz fora dele mesmo", concluiu C. S. Lewis. "Isso não existe". DHR

Encontrei Aquele por quem minha alma há tanto tempo ansiava! Jesus satisfaz meus anseios
— por Seu sangue agora sou salva. CLARA WILLIAMS

Em cada coração há um anseio que só Jesus satisfaz.

DIA **70**

QUEM É ELE?

Leitura: Salmo 24

Quem é o Rei da glória? O Senhor dos Exércitos; ele é o Rei da glória. v.10

Voltando de nossa lua de mel, nós esperávamos a nossa bagagem no aeroporto quando cutuquei meu marido e lhe mostrei um ator parado a poucos metros. Meu esposo apertou os olhos e perguntou: "Quem é ele?".

Destaquei os seus papéis mais notáveis, aproximei-me dele e pedi para tirarmos uma foto juntos. Isso faz 24 anos e ainda gosto de compartilhar sobre o dia em que conheci um astro do cinema.

Conhecer um ator famoso é legal, mas há alguém mais importante que sou grata por conhecer pessoalmente. "Quem é o Rei da glória?" (v.8). O salmista aponta para o Senhor Todo-Poderoso como Criador, Sustentador e que domina sobre todas as coisas. Ele canta: "A terra e tudo que nela há são do Senhor; o mundo e todos os seus habitantes lhe pertencem. Pois sobre os mares ele edificou os alicerces da terra e sobre as profundezas do oceano a estabeleceu" (vv.1,2). Com admiração Davi proclama que embora Deus esteja acima de tudo, Ele é acessível (vv.3,4). Podemos conhecê-lo, sermos capacitados por Ele e confiar nele para lutar em nosso favor, enquanto vivemos para a Sua glória (v.8).

Deus dá oportunidades para que o declaremos como o único famoso que realmente vale a pena compartilhar. Os que não o reconhecem podem ter mais razões para perguntar: "Quem é Ele?". Como Davi, podemos apontar para o Senhor com admiração e contar a Sua história!   XED

*Como você compartilhará
o que o Senhor revelou sobre si mesmo a você?*

Senhor, obrigado pelo prazer e privilégio de te encontrar e oportunidades de compartilhar sobre ti.

DIA 71

AJUDA SÁBIA

Leitura: Marcos 5:35-43

Jesus, porém, ouviu essas palavras e disse a Jairo: "Não tenha medo. Apenas creia". v.36

Minha sogra recebeu atendimento médico imediato momentos após ter um infarto. Mais tarde, o médico me disse que o tratamento dentro de 15min resulta numa taxa de 33% de sobrevivência para pacientes críticos, e apenas 5% sobrevivem se tratados após esse período.

No caminho para curar a filha de Jairo (carente de cuidados médicos imediatos), Jesus fez o impensável: uma pausa (v.30). Ele parou para identificar quem o tocara, e depois falou gentilmente com a mulher. Você pode imaginar o que Jairo pensou: *Não há tempo para isso, minha filha está morrendo!* E depois, seus piores medos se tornaram realidade — Jesus parecia ter demorado demais e sua filha morrera (v.35).

Mas Jesus se virou para Jairo e o encorajou: "Não tenha medo. Apenas creia" (v.36), e, ignorando a zombaria dos espectadores, Cristo falou com a filha de Jairo e ela voltou a viver! Ele revelou que *nunca* é tarde demais. O tempo não pode limitar o que Jesus é capaz de fazer e nem quando Ele escolhe fazê-lo.

Quantas vezes nos sentimos como Jairo, pensando que Deus estava atrasado demais para realizar o que esperávamos. Mas com Deus não existe isso. Ele nunca está atrasado para realizar a Sua boa e misericordiosa obra em nossa vida.

PC

Como você experimentou a intervenção divina?
É importante descansar na soberania de Deus reconhecendo que os planos dele são os melhores? Por quê?

Jesus, sei que tu és sempre soberano,
e que nunca é tarde para realizares os Teus planos perfeitos.

DIA **72**

POR AMOR OU DINHEIRO

Leitura: Lucas 19:1-10

...Guardem-se de todo tipo de ganância. A vida [...] não é definida pela quantidade de seus bens. 12:15

O **poeta irlandês** Oscar Wilde disse: "Quando eu era jovem, achava que o dinheiro era a coisa mais importante da vida. Hoje, que sou velho, tenho certeza". Esse comentário foi irônico; uma vez que ele viveu apenas 46 anos, de modo que nunca foi verdadeiramente "velho". Wilde compreendeu plenamente que a vida não se resume ao dinheiro.

O dinheiro é temporário; vem e vai. Portanto a vida deve ser mais do que o dinheiro e o que ele pode comprar. Jesus desafiou o povo de Sua geração — ricos e pobres — a seguir um sistema de valores melhor e mais ajustado. Em Lucas 12:15, Jesus disse: "Cuidado! Guardem-se de todo tipo de ganância. A vida de uma pessoa não é definida pela quantidade de seus bens". Em nossa cultura, onde há um foco permanente em *mais, mais novos* e *melhores*, há algo a ser dito tanto sobre o contentamento quanto sobre a perspectiva de como vemos o dinheiro e os bens.

Ao se encontrar com Jesus, um jovem rico saiu triste por ter muitos bens dos quais não queria se desfazer (18:18-25), mas Zaqueu, o coletor de impostos, doou muito do que havia adquirido durante a sua vida (19:8). A diferença está no adotar a essência de Cristo. Em Sua graça, podemos encontrar uma perspectiva saudável sobre os nossos bens para que estes não determinem o nosso valor.

WEC

O que não pode faltar em sua vida?
Por quê? É algo duradouro ou momentâneo?

Pai, concede-me a Tua sabedoria,
pois quero manter a perspectiva correta
e ter princípios que reflitam a Tua habitação em mim.

DIA **73**

QUANDO TUDO DESMORONA

Leitura: 1 Reis 17:15-24

Assim, aproximemo-nos com toda confiança do trono da graça, onde receberemos misericórdia... Hebreus 4:16

Durante a crise financeira asiática de 1997, tinha mais gente procurando trabalho do que a disponibilidade de vagas. Eu era uma entre os que buscavam emprego. Após nove meses de ansiedade, consegui emprego como redatora. Mas a empresa teve problemas e fiquei desempregada de novo.

Você já passou por isso? Quando parece que o pior já passou, de repente, tudo desmorona. A viúva de Sarepta passou por isso (v.12). Devido à fome, estava preparando a última refeição para ela e o filho, quando o profeta Elias lhe pediu um pouco de alimento. Relutante, ela concordou e Deus a proveu com farinha e azeite continuamente (vv.10-16).

Mas, tempos depois, o filho dela adoeceu e morreu. A viúva gritou: "Homem de Deus, o que você me fez? Veio para lembrar-me de meus pecados e matar meu filho?" (v.18).

Às vezes, até queremos reagir como a viúva, achando que Deus pode estar nos punindo. Esquecemos que coisas ruins acontecem neste mundo decaído.

Elias levou a questão a Deus, orando fervorosa e honestamente, e o Senhor ressuscitou o menino (vv.20-22)!

Quando entramos em colapso, podemos, como Elias, entender que Aquele que é fiel não nos abandonará! Podemos descansar nos propósitos de Deus enquanto oramos por entendimento. PFC

*Quando a vida me oprimir, Pai, ajuda-me a lembrar
que és poderoso e que te importas.
Que eu, como Elias, agarre-me a ti em fé sabendo que tu
queres o bem daqueles que te amam.*

Deus está presente nos momentos bons e nos ruins.

DIA **74**

DEDICADO A AMAR

Leitura: Romanos 9:1-5

...o desejo de meu coração e minha oração a Deus é que o povo de Israel seja salvo. 10:1

Convertido a Jesus Cristo, Nabeel Qureshi escreveu livros para ajudar os seus leitores a entender as pessoas da religião que ele deixou para trás. Seu tom é respeitoso, e Qureshi sempre demonstra amor por seu povo. Qureshi dedicou um de seus livros a sua irmã, que ainda não colocou a sua fé em Jesus. A dedicatória é breve, porém poderosa. "Imploro a Deus pelo dia em que pudermos adorá-lo juntos", escreveu.

Temos uma percepção desse tipo de amor quando lemos a carta de Paulo à igreja em Roma. "Meu coração está cheio de amarga tristeza e angústia sem fim", ele disse, "por meu povo, meus irmãos judeus. Eu estaria disposto a ser amaldiçoado para sempre, separado de Cristo, se isso pudesse salvá-los " (9:2,3).

Paulo amava tanto o povo judeu que teria escolhido a separação de Deus, se isso os levasse a aceitar Cristo. Ele entendia que ao rejeitar Jesus, seu povo rejeitava o único e verdadeiro Deus. Isso o motivou a apelar aos seus leitores a compartilharem o evangelho de Jesus com todos (10:14,15).

Que hoje possamos nos dedicar em oração ao amor que nos constrange pelos que nos são próximos! *TLG*

*Pai, pedimos que enchas o nosso coração
com o Teu amor pelos outros. Entregamos-te _____ e
imploramos para que reconheçam a verdade
sobre o Teu Filho Jesus.*

**Precisamos amar aqueles
por quem Cristo morreu assim como aqueles
por quem Cristo vive.**

DIA **75**

PELAS CORREDEIRAS

Leitura: Isaías 43:1-7

Quando passar por águas profundas, estarei a seu lado. Quando atravessar rios, não se afogará... v.2

O guia do *rafting* acompanhou o nosso grupo até à beira do rio e nos orientou a colocar os salva-vidas e pegar os remos. Conforme entrávamos no barco, indicava-nos os lugares, equilibrando o peso para dar estabilidade quando chegássemos às corredeiras. Depois de ressaltar as emoções que nos aguardavam no percurso, detalhou uma série de orientações que poderiam ser dadas e que deveríamos seguir, para conduzir o barco adequadamente. E nos garantiu que, mesmo que houvesse momentos difíceis no percurso, nossa viagem seria emocionante e segura.

Às vezes a vida parece um *rafting* com mais corredeiras do que gostaríamos. A promessa de Deus a Israel, através do profeta Isaías, pode guiar os nossos sentimentos quando tememos que o pior esteja acontecendo: "Quando passar por águas profundas, [...] atravessar rios, não se afogará" (v.2). Quando foram para o exílio como consequência de seu pecado, os israelitas enfrentaram um medo opressivo de terem sido rejeitados por Deus. Ainda assim, ao invés disso, o Senhor os assegura e promete estar com eles porque os ama (vv.2,4).

Deus não nos abandonará nas águas revoltas. Podemos confiar nele para nos orientar através das corredeiras, de nossos medos e dos problemas mais profundos e dolorosos, porque Ele também nos ama e promete estar conosco. KHH

Pai, obrigado por estares ao meu lado
em águas tempestuosas. Quero confiar em ti,
quando a jornada for assustadora.

Deus nos conduz quando enfrentamos momentos difíceis.

DIA **76**

FOME DO CORAÇÃO

Leitura: João 6:32-40

...Eu sou o pão da vida. Quem vem a mim nunca mais terá fome. Quem crê em mim nunca mais terá sede. v.35

No carro, enquanto acompanhava meu marido em seus compromissos, cheguei os e-mails e fiquei surpresa com o anúncio de uma loja local de "sonhos deliciosos", por onde tínhamos acabado de passar. De repente, meu estômago roncou de fome. Fiquei maravilhada como a tecnologia permite que os comerciantes nos atraiam para os seus estabelecimentos.

Fechando o telefone, refleti sobre o anseio constante de Deus de que eu me aproxime mais dele. O Senhor sempre sabe onde estou e deseja influenciar as minhas escolhas. Pensei: *Meu coração anseia por Ele assim como meu estômago reagiu com a ideia de comer um saboroso sonho?*

Em João 6, depois que Jesus alimentou miraculosamente 5.000 pessoas, os discípulos pediram ansiosamente a Ele para *sempre* lhes dar "O verdadeiro pão de Deus é aquele que desce do céu e dá vida ao mundo" (v.33). Jesus responde: "...Eu sou o pão da vida. Quem vem a mim nunca mais terá fome. Quem crê em mim nunca mais terá sede" (v.35). É maravilhoso como o relacionamento com Jesus pode nos prover contínua nutrição em nossa vida diária!

O objetivo do anúncio da loja de *sonhos* era instigar o desejo do meu corpo físico, mas o contínuo reconhecimento divino da condição do meu coração me convida a reconhecer a minha constante necessidade do Senhor e de receber o alimento que só Ele pode dar.

ELM

Querido Deus, lembra-me de minha necessidade de alimentar-me da Tua presença todos os dias.

Somente Jesus oferece o único pão que verdadeiramente satisfaz.

DIA 77

JESUS ALCANÇOU

Leitura: Mateus 14:22-33

No mesmo instante, Jesus estendeu a mão e o segurou... v.31

À s vezes a vida fica corrida: as aulas são difíceis, o trabalho exaustivo, o banheiro precisa de limpeza, e temos um convite para um bate-papo e cafezinho na agenda do dia. Chega ao ponto em que me forço a ler a Bíblia por alguns minutos por dia, e prometo a mim mesma passar mais tempo com Deus na próxima semana. Mas não leva muito tempo até eu me distrair, ser tragada pelas tarefas diárias e me esquecer de pedir a Deus qualquer tipo de ajuda.

Quando Pedro estava andando sobre as águas em direção a Jesus, rapidamente se distraiu com o vento e as ondas. Como eu, começou a afundar (vv.29,30). Mas assim que ele gritou: "...No mesmo instante, Jesus estendeu a mão e o segurou" (vv.30,31).

Com frequência, sinto-me como se tivesse que compensar Deus após estar tão ocupada e distraída, a ponto de perdê-lo de vista. Mas não é assim que o Senhor age. Tão logo lhe pedimos ajuda, Jesus nos alcança sem hesitação.

Quando estamos inquietos pelo caos da vida, é fácil esquecer que Deus está conosco em meio à tempestade. Jesus perguntou a Pedro: "Por que você duvidou?" (v.31). Não importa pelo que estamos passando, Ele está presente lá e aqui. Perto de nós naquele momento, e neste momento, pronto para nos alcançar e resgatar.

JS

*Senhor, ajuda-me a te buscar em meio
à minha ocupação e distrações da vida.
Obrigado por estares sempre comigo, pronto a me amparar.*

**Deus está esperando que o busquemos
para que Ele possa nos alcançar e ajudar.**

DIA 78

IMUTÁVEL

Leitura: Salmo 103:13-22

Jesus Cristo é o mesmo ontem, hoje e para sempre. Hebreus 13:8

Cari e eu recentemente viajamos para participar de nossa reunião de ex-alunos na cidade onde nos conhecemos e nos apaixonamos há 35 anos. Visitamos vários lugares onde passamos algumas das melhores horas da nossa juventude. Entretanto, quando chegamos ao local do nosso restaurante mexicano favorito, vimos uma loja de material de construção. Uma placa de ferro na parede homenageava o restaurante e as quatro décadas de serviços à comunidade.

Olhei para a calçada vazia, mas ainda familiar, que fora pontilhada alegremente com mesas coloridas e guarda-chuvas brilhantes. Tanta coisa muda ao nosso redor! Porém, em meio a elas, a fidelidade de Deus nunca mudou. Davi observou comovido: "Nossos dias na terra são como o capim; como as flores do campo, desabrochamos. O vento sopra, porém, e desaparecemos, como se nunca tivéssemos existido. Mas o amor do Senhor por aqueles que o temem dura de eternidade a eternidade. Sua justiça se estende até os filhos dos filhos" (vv.15-17). E Davi conclui com estas palavras: "Todo o meu ser louve o Senhor" (v.22).

O filósofo Heráclito disse: "Você nunca pode pisar no mesmo rio duas vezes". A vida está sempre mudando ao nosso redor, mas Deus permanece o mesmo e pode ser sempre confiável para cumprir Suas promessas! Sua fidelidade e amor podem ser contados de geração em geração. *JBB*

Traz-lhe conforto saber que Deus nunca muda?
Quando você precisou dessa certeza?

Deus, obrigado por nunca mudares e seres sempre confiável. Ajuda-me a confiar em Teu amor e fidelidade.

DIA **79**

A ÚLTIMA PALAVRA

Leitura: 1 Coríntios 15:12-19

Se nossa esperança em Cristo vale apenas para esta vida, somos os mais dignos de pena... v.19

Admito que eu tinha uma certa queda por Sara na época de escola. Sua risada era maravilhosa e não tenho certeza se ela sabia dessa minha paixão oculta, mas suspeito que sim. Após a formatura, perdemos o contato e seguimos em direções diferentes, como muitas vezes acontece. Continuo em contato com alguns daquela turma de formandos em fóruns online e fiquei muito triste quando soube que Sara tinha morrido. Refleti sobre a direção que a vida dela tinha tomado ao longo dos anos. Quanto mais idoso fico mais perco amigos e familiares. No entanto, muitos de nós temos a tendência de evitar falar sobre isso.

Apesar de nos entristecermos, essa esperança sobre a qual o apóstolo Paulo fala é a de que a morte não tem a palavra final (vv.54,55). Há, em seguida, outra palavra: *ressurreição*. Paulo fundamenta essa esperança no fato de Cristo ter ressuscitado (v.12), e diz: "se Cristo não ressuscitou, nossa pregação é inútil, e a fé que vocês têm também é inútil" (v.14). Se nossa esperança como cristãos é limitada apenas a este mundo, somos os mais dignos de pena (v.19).

Um dia veremos novamente aqueles que "adormeceram crendo em Cristo" (v.18): avós e pais, amigos e vizinhos ou talvez até antigas paixões de pátios de escola. A morte não é a última palavra. A ressurreição sim! *JB*

O que a ressurreição de Cristo significa para você?
Como você pode expressar a sua fé
e levar alguém à esperança da ressurreição?

Jesus, que o poder de Tua ressurreição
fique claro em mim quando interajo
com os que não te conhecem.

DIA **80**

QUANDO SABEMOS QUEM GANHA

Leitura: Apocalipse 21:1-5

Ele lhes enxugará dos olhos toda lágrima... v.4

Meu supervisor é fã de um time de basquete que neste ano venceu o campeonato nacional, e outro colega lhe enviou uma mensagem congratulando-o. O único problema foi que meu chefe ainda não tinha tido a chance de assistir ao último jogo! Ele disse que estava frustrado por saber o resultado de antemão. Mas, admitiu que pelo menos quando assistiu ao jogo não estava nervoso quando o placar ficou próximo ao final. Ele já sabia quem era o vencedor!

Nós nunca sabemos realmente o que o amanhã nos trará. Uns dias podem parecer mundanos e tediosos, enquanto outros são cheios de alegria. Ainda outras vezes, a vida pode ser cansativa, angustiante, mesmo por longos períodos de tempo. Mas apesar dos imprevistos da vida, ainda podemos nos ancorar na paz de Deus. Porque, como meu supervisor, sabemos o final da história. Nós sabemos quem "ganha".

O Apocalipse levanta a cortina desse espetáculo. Após a derrota final da morte e do mal (20:10,14), João descreve a vitória (21:1-3) quando Deus habitará com Seu povo e lhes enxugará "dos olhos toda a lágrima" num mundo onde "não haverá mais morte, nem tristeza, nem choro, nem dor" (vv.3,4).

Nos dias difíceis, apeguemo-nos a essa promessa. Não haverá mais perda ou pranto, dúvidas ou corações partidos. Em vez disso, passaremos a eternidade junto ao nosso Salvador. Que celebração gloriosa será!
ARH

Como a esperança do Céu pode dar-lhe coragem
e força em tempos difíceis?

Um dia Deus acalmará e curará cada ferida
e enxugará toda a lágrima.

DIA 81

MELHOR DO QUE NUNCA

Leitura: Salmo 51:9-13

Restaura em mim a alegria de tua salvação e torna-me disposto a te obedecer. v.12

Conta-se a história de um grupo de pescadores de salmão reunidos numa estalagem escocesa após um dia de pesca. Um deles contava um episódio aos amigos quando o movimento de seu braço empurrou um copo, deixando cacos no chão e uma mancha na parede branca. O homem desculpou-se e se ofereceu para pagar o prejuízo, mas não havia nada que ele pudesse fazer, a parede estava danificada. Sentado, perto dali, outro homem falou: "Não se preocupe". Levantou-se, tirou do bolso utensílios de pintura, e começou a esboçar algo. Devagar, foi surgindo a cabeça de um lindo cervo. Sir E. H. Landseer era o principal pintor de animais da Escócia.

Davi, o ilustre rei de Israel e autor do Salmo 51, trouxe vergonha a si e à sua nação por seus pecados. Cometeu adultério com a esposa de um de seus amigos e planejou a morte dele — atitudes dignas de morte. A vida de Davi parecia arruinada. Mas ele clamou a Deus: "Restaura em mim a alegria de tua salvação e torna-me disposto a te obedecer" (v.12). Como Davi, temos atos pecaminosos em nosso passado e as memórias que os acompanham; lembranças que à noite nos provocam. Há tantas coisas que gostaríamos de poder desfazer ou refazer.

Existe uma graça que perdoa o pecado, e usa o perdão para nos tornar melhores do que éramos. Deus não desperdiça nada. DHR

Senhor, falhei contigo novamente.
Por favor, perdoa-me. Transforma-me. Direciona-me,
Ensina-me a seguir os Teus caminhos.

Deus tem olhos que tudo veem
e um coração que tudo perdoa.

DIA **82**

SALVO EM SEUS BRAÇOS

Leitura: Isaías 40:9-11

Como pastor, ele alimentará seu rebanho; levará os cordeirinhos nos braços e os carregará junto ao coração... v.11

O tempo estava ameaçador, e o alerta em meu celular anunciava enchentes. Muitos carros estavam estacionados na vizinhança, com pais e responsáveis esperando perto do ponto do ônibus escolar. O ônibus chegou e a chuva começou! Nisso, observei uma mulher saindo do carro com o guarda-chuva, caminhando em direção a uma garotinha. Ela cuidou para que a criança não se molhasse até entrar no carro. Essa imagem de amor protetor e parental me fez lembrar o cuidado do Pai celestial.

O profeta Isaías previu o castigo pela desobediência seguido por dias melhores para o povo de Deus (vv.1-8). A mensagem celestial do alto dos montes (v.9) garantia aos israelitas a presença poderosa e o cuidado carinhoso de Deus. As boas-novas, ontem e hoje, então e agora, são que; por causa do poder e da autoridade de Deus, os corações angustiados não precisam temer (vv.9,10). Parte da mensagem falava sobre a proteção do Senhor, da proteção que os pastores oferecem (v.11): os animaizinhos vulneráveis teriam segurança nos braços do pastor; ovelhas amamentadoras seriam delicadamente conduzidas.

Num mundo onde as circunstâncias nem sempre são fáceis, imagens de cuidado e segurança nos impelem a olhar com confiança para o Senhor. Os que confiam no Senhor encontram segurança e renovam suas forças (v.31). *ALJ*

Pai, somos gratos pelo conforto no Teu generoso cuidado
– por intermédio de Jesus.

O cuidado de Deus por nós
é uma notícia verdadeira e excelente!

DIA **83**

CONFIE NELE PRIMEIRO

Leitura: Isaías 46:3-13

Louvado seja o Senhor; [...] nosso salvador! A cada dia ele nos carrega em seus braços. Salmo 68:19

—**Não solte,** papai!
—Não vou soltar; eu seguro, prometo.
Eu era um garotinho que morria de medo da água, mas meu pai queria me ensinar a nadar. Um dia, ele me tirou da beira da piscina e me levou para uma parte que não dava pé. E me ensinou a relaxar e boiar.

Não era só uma aula de natação; era uma lição de confiança. Eu sabia que o meu pai me amava e jamais deixaria que eu me machucasse de propósito. Contudo, tive medo. Agarrava-me ao pescoço dele até ele me garantir que ficaria tudo bem. Por fim, sua paciência e gentileza compensaram, e eu comecei a nadar. Mas antes tive de confiar nele.

Às vezes, quando sinto que estou numa dificuldade que "não dá pé", relembro esses momentos. Eles me ajudam a pensar na segurança que Deus deu ao Seu povo: "Serei o seu Deus [...] até que seus cabelos fiquem brancos. Eu os criei e [...] os carregarei" (ISAÍAS 46:4).

Nem sempre sentimos os braços de Deus, mas o Senhor prometeu que jamais nos deixará (HEBREUS 13:5). À medida que descansamos em Seu cuidado e em Suas promessas, Ele nos ensina a confiar em Sua fidelidade. Ele nos eleva acima das nossas preocupações para encontrar nova paz nele. JBB

Aba, *Pai, eu te louvo por me carregares.*
Dá-me fé para confiar que tu estás sempre comigo.

Deus nos conduz para novos patamares de graça na medida em que confiamos nele.

DIA **84**

AÇO E VELUDO

Leitura: João 8:1-11

Aquele de vocês que nunca pecou atire a primeira pedra. v.7

Sobre o ex-presidente norte-americano Abraham Lincoln, o poeta Carl Sandburg escreveu: "É incomum na história da humanidade chegar à Terra um homem que seja ao mesmo tempo aço e veludo [...] que mantenha em seu coração e mente o paradoxo da terrível tempestade e da paz indescritível e perfeita". "Aço e veludo" descreve como Lincoln equilibrava o poder de seu cargo com a preocupação pelos indivíduos desejosos de liberdade.

Em toda a história, apenas Jesus Cristo equilibrou perfeitamente a força e a suavidade, o poder e a compaixão. Quando os líderes religiosos o confrontaram para que condenasse uma mulher culpada, Jesus demonstrou força e suavidade. Demonstrou força ao resistir às exigências de uma turba sedenta por sangue, fazendo-os voltar seus olhares críticos a si mesmos. Jesus lhes disse: "Aquele de vocês que nunca pecou atire a primeira pedra" (v.7). Em seguida, utilizou o "veludo" da compaixão dizendo à mulher: "Eu também não a condeno. Vá e não peque mais" (v.11).

Refletir sobre a Sua atitude de "aço e veludo" e nossas reações aos outros pode revelar a ação do Pai em nos modelar para sermos semelhantes a Jesus. Podemos demonstrar a essência de Cristo a um mundo faminto tanto pela suavidade da misericórdia quanto pelo poder da justiça.   WEC

Onde a ajuda de Deus é necessária para permitir que você demonstre Sua compaixão a outras pessoas?

Querido Pai, agradeço-te por Teu Filho,
cuja força e ternura revelam perfeitamente
o Teu propósito para o nosso mundo perdido.

DIA 85

UMA FESTA DE AMOR

Leitura: João 6:47-59

Eu sou o pão vivo que desceu do céu. v.51

No filme *A Festa de Babette* (Oscar 1987), uma refugiada francesa vai a uma aldeia costeira onde duas irmãs idosas que são líderes de uma comunidade religiosa a aceitam em casa e por catorze anos, Babette lhes serve de ajudante doméstica. Quando Babette recebe uma grande soma de dinheiro como herança, convida os 12 membros da congregação para uma refeição francesa extravagante: caviar, codorna em massa folhada e muito mais.

Enquanto degustam os pratos, os convidados relaxam; uns encontram o perdão, reacendem o amor e outros relembram os milagres e as verdades que aprenderam na infância. "Lembram-se do que nos foi ensinado?" diziam. "Filhinhos, amem-se uns aos outros". Ao final da refeição, Babette revela às irmãs que gastou tudo o que tinha com a comida. Ela dera tudo, inclusive qualquer chance de voltar a ser chef famosa em Paris, para que os seus amigos ao comer pudessem abrir seus corações.

Jesus veio à Terra como estrangeiro e servo, e deu tudo para satisfazer a nossa fome. Ele lembra os Seus ouvintes de que, quando os ancestrais deles vagavam famintos no deserto, Deus lhes providenciou o maná e codornas (Êxodo 16). Aquele alimento os satisfez por um tempo, mas Jesus promete que aquele que o aceita como o "pão da vida [...] viverá para sempre" (vv.48,51). O sacrifício de Jesus satisfaz os nossos desejos espirituais. *ALP*

Como Deus satisfez a sua fome?
O que significa "doar sacrificialmente"?

Jesus entregou a Sua vida por nós para ser o nosso alimento espiritual nessa nova e eterna vida junto a Ele.

DIA **86**

ENTENDENDO A GRATIDÃO

Leitura: Números 11:1-11

Mesmo que pegássemos todos os peixes do mar, seria suficiente? v.22

Os anos de cansaço causados pela dor crônica e frustrações com a minha mobilidade limitada finalmente me afetaram. Em meu descontentamento, tornei-me exigente e ingrata. Passei a reclamar dos cuidados do meu marido e a me queixar até da forma como ele limpava a nossa casa. Embora ele seja o melhor cozinheiro que conheço, eu reclamava até da falta de variedade em nossas refeições. Quando ele me confessou o quanto eu o magoava, senti-me ressentida, pois ele não fazia ideia do que eu estava sentindo e vivendo. Por fim, Deus me ajudou a ver os meus erros, e pedi perdão ao meu marido e ao Senhor.

Desejar outras circunstâncias pode nos levar a muitas queixas e a um relacionamento egoísta. Os israelitas conheciam esse dilema. Parece que nunca estavam satisfeitos e reclamavam sempre das provisões divinas (ÊXODO 17:1-3). Embora o Senhor cuidasse do Seu povo no deserto enviando "comida do céu" (16:4), eles queriam outro alimento (NÚMEROS 11:4). Em vez de alegrar-se com os milagres diários e com o cuidado de Deus, os israelitas queriam algo mais, algo melhor, algo diferente, ou até mesmo, algo que já tivessem tido (vv.4-6) — e descontavam suas frustrações em Moisés (vv.10-14).

Confiar na bondade e fidelidade de Deus pode nos ajudar a sermos gratos. Vamos aproveitar o dia de hoje para agradecer ao Senhor pelas incontáveis maneiras como Ele cuida de nós.   XED

Senhor, ajuda-nos a lutar contra o descontentamento e, ao mesmo tempo, a apreciar a doçura da gratidão.

A gratidão nos traz contentamento e agrada a Deus.

DIA 87

OBRIGADO POR SER VOCÊ!

Leitura: Salmo 100

Entrem por suas portas com ações de graças... v.4

Quando cuidei de minha mãe e morei com ela num centro hospitalar, conheci Lori, outra cuidadora que morava com o seu marido, Frank, no corredor um pouco mais à frente. Conversávamos, ríamos, desabafávamos, chorávamos e orávamos juntas nas áreas de convivência. Gostávamos desse apoio mútuo nesse período em que cuidávamos de nossos entes queridos.

Certo dia, perdi o transporte gratuito que leva os moradores para comprar mantimentos. Lori se ofereceu para me levar até a loja, mais tarde, naquela mesma noite. Com lágrimas de gratidão, aceitei sua oferta dizendo: "Obrigada por ser você". Eu realmente a apreciava como pessoa, não apenas pelo que ela fez por mim como amiga.

O Salmo 100 demonstra a apreciação a Deus por quem Ele é, não simplesmente por tudo que Ele faz. O salmista convida "todos os habitantes da terra" (v.1) a "servir ao Senhor com alegria" (v.2), reconhecendo que "o Senhor é Deus" (v.3). Nosso Criador convida-nos à Sua presença para dar-lhe graças e louvar o Seu nome (v.4). Sim, Deus permanece digno de nossa contínua gratidão porque "o Senhor é bom", Seu "amor dura para sempre" e Sua "fidelidade por todas as gerações" (v.5).

Deus será sempre o Criador e Sustentador do Universo e o Pai amoroso que nos ama individualmente. Ele merece a nossa alegre e genuína gratidão. *XED*

Senhor, obrigado por seres quem és!

Com quem você pode compartilhar o amor de Deus hoje?

DIA 88

PRESENTES DE CIMA

Leitura: Mateus 1:18-25

A virgem ficará grávida! Ela dará à luz um filho, e o chamarão Emanuel... v.23

De acordo com uma história antiga, um homem chamado Nicolau (nascido em 270 d.C.) ouviu falar de um pai que era tão pobre que não conseguia alimentar suas três filhas, muito menos prover-lhes um dote para seus futuros casamentos. Querendo ajudar esse pai, mas esperando manter sua ajuda em segredo, Nicolau jogou uma bolsa de ouro por uma janela aberta e esta caiu sobre uma meia ou sapato secando ao pé da lareira. Esse homem era conhecido como São Nicolau, que mais tarde se tornou a inspiração para o Papai Noel.

Quando ouvi a história desse presente vindo "do alto", pensei em Deus, o Pai, que por amor e compaixão enviou à Terra o maior presente, Seu Filho, através de um nascimento miraculoso. Segundo o evangelho de Mateus, Jesus cumpriu a profecia do Antigo Testamento de que uma virgem ficaria grávida e daria à luz um filho que eles chamariam de Emanuel, que significa "Deus conosco" (v.23).

Tão amável quanto era o presente de Nicolau, quanto mais surpreendente é o presente de Jesus. Ele deixou o Céu para se tornar um homem, morreu e ressuscitou, e é Deus vivendo conosco. Ele nos traz conforto quando estamos sofrendo e tristes; Jesus nos encoraja quando nos sentimos desanimados; Ele nos revela a verdade quando podemos ser enganados. *ABP*

Como você pode compartilhar a dádiva de Jesus hoje?
Como a Sua presença o leva a compartilhar o seu tempo, sabedoria e amor com os outros?

Jesus, obrigado pela maneira como deixaste Teu Pai para vires nascer em circunstâncias humildes.

DIA 89

EM ABUNDÂNCIA OU AFLIÇÃO

Leitura: Jó 1:13-22

O Senhor me deu o que eu tinha, e o Senhor tomou. Louvado seja o nome do Senhor. v.21

O livro *One Thousand Gifts* (Mil Presentes), de Ann Voskamp, incentiva os leitores a descobrirem todos os dias o que o Senhor fez por eles. Ela observa diariamente a generosidade de Deus em grandes e pequenas dádivas, variando da simples beleza de bolhas de sabão à incomparável salvação de pecadores como ela (e nós!). Afirma que a gratidão é a chave para ver Deus nos momentos mais conturbados da vida.

Jó é conhecido por seus momentos "perturbadores". As perdas dele foram profundas e abundantes. Logo após perder todo o seu gado, ele soube da morte simultânea de todos os seus dez filhos. Jó demonstrou o seu profundo pesar: "rasgou seu manto. Depois, raspou a cabeça" (v.20). Suas palavras naquela hora dolorosa me fazem crer que ele sabia agradecer, pois reconheceu que Deus lhe dera tudo o que agora havia perdido (v.21). De que outra forma Jó poderia adorar em meio a essa dor dilacerante?

A gratidão diária não pode apagar a magnitude da dor que sentimos nas perdas que sofremos. Jó protestou e brigou com sua dor como o restante do livro descreve. Porém, quando reconhecemos a bondade de Deus para nós, mesmo do menor dos modos, isso *pode* nos motivar a nos curvarmos em adoração diante de nosso Deus Todo-Poderoso nas horas mais sombrias de nossa vida terrena.

KHH

Deus, ajuda-me a reconhecer Tua generosidade,
mesmo nas menores coisas e a confiar
em ti mesmo em tempos de perdas e dificuldades.

Praticar regularmente a gratidão muda a sua vida diária.

DIA **90**

UMA SEQUÊNCIA DE "SIM"

Leitura: Lucas 2:15-19

Maria, porém, guardava todas essas coisas no coração e refletia sobre elas. v.19

Certo Natal, vovó me deu um lindo colar de pérolas. As belas contas brilhavam no meu pescoço até que o cordão arrebentou. Elas saltaram em todas as direções do nosso piso de madeira. Rastejando sobre as tábuas, recuperei cada minúsculo orbe. Individualmente, as pérolas eram pequenas. Mas quando colocadas lado a lado elas causavam bela impressão!

Às vezes as minhas respostas afirmativas a Deus parecem insignificantes, como aquelas pérolas individuais. Comparo-me à mãe de Jesus, que era maravilhosamente obediente. Ela respondeu "sim" quando aceitou o chamado de Deus para gerar o Messias em seu ventre e disse: "Sou serva do Senhor [...] Que aconteça comigo tudo que foi dito a meu respeito" (1:38). Maria entendia tudo o que seria exigido dela? Que à frente surgiria um "sim" ainda maior para ceder seu filho para a cruz?

Após as visitas dos anjos e pastores, Lucas nos diz que Maria "guardava todas essas coisas no coração e refletia sobre elas" (2:19). Guardar significa "armazenar", e refletir significa "meditar, pensar muito". Essa atitude de Maria é repetida em Lucas 2:51. Muitas vezes ela responderia afirmativamente durante a sua vida.

Assim como aconteceu com Maria, a chave para a nossa obediência pode ser o entrelaçamento de vários "sim" aos convites do nosso Pai, um de cada vez, até que se entrelacem como "tesouros armazenados" da vida submissa ao Senhor. *ELM*

Como você pode aprender a ser mais submisso?

***Querido Deus, ajuda-nos a responder,
com um "sim" de cada vez,
ao Teu contínuo agir em nossa vida.***